essentials

Essentials liefern aktuelles Wissen in konzentrierter Form. Die Essenz dessen, worauf es als „State-of-the-Art" in der gegenwärtigen Fachdiskussion oder in der Praxis ankommt, komplett mit Zusammenfassung und aktuellen Literaturhinweisen. Essentials informieren schnell, unkompliziert und verständlich

- als Einführung in ein aktuelles Thema aus Ihrem Fachgebiet
- als Einstieg in ein für Sie noch unbekanntes Themenfeld
- als Einblick, um zum Thema mitreden zu können.

Die Bücher in elektronischer und gedruckter Form bringen das Expertenwissen von Springer-Fachautoren kompakt zur Darstellung. Sie sind besonders für die Nutzung als eBook auf Tablet-PCs, eBook-Readern und Smartphones geeignet.

Essentials: Wissensbausteine aus Wirtschaft und Gesellschaft, Medizin, Psychologie und Gesundheitsberufen, Technik und Naturwissenschaften. Von renommierten Autoren der Verlagsmarken Springer Gabler, Springer VS, Springer Medizin, Springer Spektrum, Springer Vieweg und Springer Psychologie.

Michael Loebbert

Wie Supervision gelingt

Supervision als Coaching
für helfende Berufe

 Springer

Michael Loebbert
Inst. Beratung, Coaching & Sozialmgt.
Fachhochschule Nordwestschweiz
Olten
Schweiz

ISSN 2197-6708   ISSN 2197-6716 (electronic)
essentials
ISBN 978-3-658-13105-0   ISBN 978-3-658-13106-7 (eBook)
DOI 10.1007/978-3-658-13106-7

Die Deutsche Nationalbibliothek verzeichnet diese Publikation in der Deutschen Nationalbibliografie; detaillierte bibliografische Daten sind im Internet über http://dnb.d-nb.de abrufbar.

Springer
© Springer Fachmedien Wiesbaden 2016

Gedruckt auf säurefreiem und chlorfrei gebleichtem Papier

Springer Fachmedien Wiesbaden ist Teil der Fachverlagsgruppe Springer Science+Business Media
(www.springer.com)

Was Sie in diesem Essential finden können

- Eine kompakte Einführung in die Grundlagen von Supervision als Coaching für helfende Berufe
- Spezielle und zentrale Konzepte einer Theorie des Helfens
- Spezifische Methoden der Supervision, die im deutschsprachigen Raum noch wenig diskutiert werden
- Einen Überblick über den Zusammenhang von systemtheoretischen und psychodynamischen Vorstellungen, die heute den Rahmen einer modernen und wirksamen Supervisionspraxis darstellen
- Einige Schlussfolgerungen und Hinweise zur Selbststeuerung und operativen Schließung von Supervisionssystemen: Supervision der Supervision, Lehrsupervision

Vorwort

In meiner Einführung zur Coaching Theorie habe ich die Grundlagen einer beraterischen Handlungstheorie beschrieben (Loebbert 2015b, 2. Auflage 2016): Es geht beim Coaching um den Erfolg unserer Klientinnen und Klienten, den sie durch Handeln erreichen. Berufliche Themen, Fragen und Leistungen (Loebbert 2013b) werden im jeweiligen Praxisfeld bestimmt: Coaching in der Arbeitsintegration, Coaching für Führungskräfte, Projekt-Coaching usw. Eine Ausarbeitung für das Praxisfeld helfender Berufe fehlte bisher. Im Rahmen einer Einführung in Coaching-Theorie kann das vorliegende Essential als Ergänzung gelesen werden. Themen und Argumente der umfänglichen Literatur zu Supervision werden nicht wiederholt, sondern auf ihre Essenz aus der Perspektive von Coaching kondensiert. Der Text erscheint als eigene Publikation, da die Differenzierung des fokussierten Praxisfeldes über die Einführung hinausgeht: Wenn wir Supervision als Coaching für helfende Berufe verstehen, so steht der *Erfolg von Hilfeleistungen* im Mittelpunkt – dass es für die Klientinnen und Klienten unserer Supervisanden wirklich eine Hilfe ist, was wir in der Supervision tun.

Inhaltsverzeichnis

Einleitung: Supervision als Coaching

Supervision *in Aktion*[1]: Es geht um das *Handeln* der Supervisanden[2], der Klientinnen und Klienten von Supervision. Es geht um gelingende Handlungssteuerung für Hilfeleistungen: Supervision ist dann erfolgreich, wenn Helfen, das helfende Handeln der Supervisanden, für deren Klientinnen und Klienten erfolgreich, das heißt wirklich eine Hilfe ist. – Insofern ist Supervision in ein umfänglicheres Verständnis von Coaching als persönliche *Prozessberatung*[3] eingeordnet, jener Form von Beratung, welche ihre Klienten dabei unterstützt, *ihren Leistungsprozess selbst zu steuern und zu verbessern.* Anders als bei Expertenberatung[4] liegt die primäre Motivation der Klienten bei dieser Form von Beratung nicht darin, Informationen und Empfehlungen zu erlangen, sondern in einer aktuellen Verbesserung ihres Handelns.

Im Praxisfeld helfender Berufe, wie Soziale Arbeit, Medizin, Pflege, Psychotherapie und Beratung, werden die Begriffe Supervision und Coaching zunehmend gleichbedeutend verwendet.[5] Der vorliegende Text schlägt eine theoretische Dif-

---

[1] Den Wortlaut habe ich von Erik de Haan (2012) übernommen bzw. übersetzt.

[2] Für die Rollenbezeichnungen der handelnden Personen gebrauche ich die männliche oder die weibliche Form. Gemeint sind immer alle möglichen Geschlechtsausprägungen. *Supervisanden* als Klienten von Supervision unterscheide ich im Text terminologisch von *Klienten* der Hilfeleistung überhaupt. Mir ist bewusst, dass im Wort *Klient* auch *Abhängigkeit* immer mitschwingt. Wortbildungen wie *Helpee* oder *Geholfene,* sind allerdings (noch) nicht in den deutschen Sprachgebrauch eingegangen.

[3] Vgl. dazu insgesamt mein Buch *Coaching Theorie* (Loebbert 2015b).

[4] Vgl. Schein (2003, S. 27–40).

[5] Vgl. ECVision (2015), unter Mitarbeit der Europäischen Berufsverbände für Supervision (ANSE) wie z. B. BSO (Schweizer Berufsverband), DGSV (deutscher Berufsverband). – Das ist natürlich ein Politikum, das die Supervisionsverbände unterstützt, sich für Coaching zu positionieren.

© Springer Fachmedien Wiesbaden 2016
M. Loebbert, *Wie Supervision gelingt,* essentials,
DOI 10.1007/978-3-658-13106-7_1

ferenzierung vor.[6] Aus der Perspektive von Supervision macht diese zwar keinen Unterschied: Supervision ist Coaching. Aber nicht jedes Coaching ist Supervision: Supervision bezieht sich als Praxis immer auf das Hilfehandeln bzw. den Erfolg von Helfen. Der allgemeinere Begriff von Coaching umfasst unterschiedliche Praxisfelder (vgl. Loebbert 2014) wie Executive-Coaching, Sport-Coaching oder Job-Coaching samt deren Bezug auf jeweils unterschiedliche Handlungs- und Leistungsprozesse.

Supervision ist also eine spezifische Form von Coaching – es ist ein Coaching für helfende Berufe und Tätigkeiten. Bezugspunkt von Supervision sind die helfenden Leistungsprozesse und die Gestaltung helfender Beziehungen als Bedingung und Voraussetzung dafür, dass eine Hilfeleistung erfolgreich ist. Mit dieser Aussage knüpfe ich an ein angelsächsisches Verständnis von Supervision (Carroll 2014; Hawkins und Shohet 2006): Supervision bezieht sich auf gelingendes und erfolgreiches Helfen. Das ist der Rahmenkontrakt für Supervision, auch wenn er eigens nicht immer thematisiert wird. In diesem Kontrakt vereinbaren die Beteiligten ein Arbeitsbündnis[7] (engl.: *alliance*). Die Klienten der Hilfeleistung der Supervisanden sind in dem Bündnis mindestens virtuell mit eingeschlossen. Vorstellungen allgemeiner, psychologischer und organisationaler Handlungstheorie sind dafür *pragmatisch* gerahmt, das ist, was letztlich für die Klienten der Hilfe dienlich und nützlich ist.

Das vorliegende Essential richtet sein Hauptaugenmerk auf die Besonderheiten[8] von Supervision als Coaching für helfende Berufe. Es ist für Fachpersonen, Coaches, Supervisorinnen und Berater gedacht, die für Menschen in helfenden Kontexten und Organisationen tätig sind. Vertrautheit mit Konzepten der Praxis von Coaching und Supervision und entsprechende Erfahrung wird vorausgesetzt und gefordert. Ziel ist die Unterstützung der Lesenden bei der Integration ihrer Konzepte und Methoden für Supervision.

---

[6] Mit der These, dass es für die Theoriebildung weiterhin nützlich ist, Coaching und Supervision zu unterscheiden, folge ich dem Argument von Astrid Schreyögg (2015, S. 113 ff.). Den Preis dafür, wenn sie in der Folge vorschlägt, Coaching auf Führungskräfte-Coaching zu verengen, halte ich allerdings für zu hoch. Die Praxisfelddifferenzierung unterhalb des allgemeineren Begriffs von Coaching als Coaching für helfende Berufe (Supervision), Coaching von Führungskräften, oder Projekt-Coaching oder Sport-Coaching vorzunehmen, ist aus meiner Sicht theoretisch sachhaltiger und auch für eine praxisfeldorientierte Weiterentwicklung von Wissenschaft und Forschung fruchtbarer.

[7] In das Arbeitsbündnis sind, wie auch sonst in der Beratung, die Auftraggebende bzw. die bezahlende Partei und gegebenenfalls weitere Stakeholder mit eingeschlossen. Vgl. das Alliance-Modell von Proctor (2008, S. 27 ff.).

[8] Eine allgemeinere Einführung in Supervision gibt z. B. Belardi (2015).

Grundlagen der Supervision 2

2.1 Wie wurde die Supervision erfunden?

Supervision stand zunächst in der Tradition von Führung und Ausbildung als eine Art der Überwachung für die Anleitung und Qualitätssicherung professionellen Handelns (Möller 2014, S. 120; Belardi 2002, S. 35 ff.). Führungskräfte in industriellen Prozessen wurden als Supervisoren (amerikanisch: *supervisor*) adressiert. Sie achteten darauf, dass die vorgegebenen Arbeitsschritte *korrekt ausgeführt* wurden.

Eine weitere Quelle der Supervision ist die Fortbildung von Menschen in der Freiwilligenarbeit Ende des 19. Jahrhunderts in den USA. Karitativ tätige Menschen merkten, dass ihr ehrenamtliches Engagement ohne ein angemessenes Verständnis der Erfolgsbedingungen von Hilfe oft in Sackgassen und Misserfolge ihrer Hilfsangebote führte. Armenspeisung, Erziehungshilfe, Gemeinwesenarbeit stabilisierten mehr die schlechten Umstände, als nachhaltige Hilfe zu geben. Helfende fühlten sich ausgenutzt und beendeten ihre Engagements. Mit der *systematischen Fallreflexion* (amerikanisch: *casework*, vgl. Belardi 2015, S. 18 f.) wurde die Grundlage der heutigen Ausbildung für Soziale Arbeit gelegt.

Damit rückt die Herausforderung helfender Personen ins Zentrum: Hilfe gelingt nicht, oder sie gelingt schlecht, wenn und solange es helfenden Personen hauptsächlich um die Erfüllung eigener bewusster und unbewusster Bedürfnisse geht, wie: die Kontrolle haben, Macht, Anerkennung, Selbstbestätigung usw. (vgl. Hawkins und Shohet 2006, S. 8–14). Die Verbreitung psychoanalytischer Konzepte seit 1920 insbesondere in den USA führte zu einer ersten *Professionalisierung von Supervision*. Ähnlich wie in der Psychotherapieausbildung die Kontrollsupervision sollte Supervision in der Sozialen Arbeit Menschen befähigen, die Wirksamkeit ihrer Hilfeleistung zu verbessern, indem sie immer besser lernen, den Klienten als Subjekt (und nicht als Objekt) der Hilfeleistung wahrzunehmen und entsprechend

© Springer Fachmedien Wiesbaden 2016
M. Loebbert, *Wie Supervision gelingt,* essentials,
DOI 10.1007/978-3-658-13106-7_2

zu intervenieren. Michael Balint (1984), ein ungarischer Psychoanalytiker, entwickelte in den 1950er-Jahren in Großbritannien eine Form der Gruppensupervision (vgl. unten, Abschn. 2.5) für Ärzte. Die Supervisorin, in der Regel eine Ärztin und Psychoanalytikerin, arbeitet vorwiegend mit psychoanalytischen Konzepten.

Geschichtlich verschwammen mit dieser stark psychoanalytisch gefärbten Fassung von Supervision oft die Grenzen zur Psychotherapie. Im Mittelpunkt standen die helfenden Personen mit ihren Bedürfnissen, nicht die Hilfeleistung für die Klienten der Supervisanden. Trotz des aus heutiger Sicht etwas einseitigen Verständnisses bedeutete die *Psychoanalytisierung* von Supervision, die den Blick von der richtigen Ausführung von Handlungen etwas weg auf den *Menschen* richtete, eine Innovation: Die Qualität der Hilfeleistung hängt (auch) von den Menschen ab, welche Hilfe leisten. Wirksame Hilfe braucht vielfach ein professionelles Selbstverständnis, verbunden mit entsprechender Ausbildung. Soziologische Vorstellungen gesellschaftlicher Arbeitsteilung und der Institutionalisierung von Hilfe sind dafür leitend.[1] Supervision ist *ein Format der Professionalisierung* für helfende Tätigkeiten.

Zur Verbreitung der Supervision als Regelformat für Qualitätssicherung und Professionalität in helfenden Berufen haben öffentlich diskutierte Vorfälle von Patiententötung oder Misshandlungen in Kinder- und Altenheimen beigetragen. Die psychologisch-psychoanalytische Konzeptbildung des *Helfersyndroms* (Pühl und Schmidbauer 1991; Schmidbauer 1977) bietet dafür eine Erklärung und einen Handlungsansatz: Helferinnen und Helfer sollten ihre oft unbewussten Motive, Verdrängungs- bzw. Projektionsmechanismen (vgl. zu diesen „Kontaktfunktionen" aus gestalttheoretischer Perspektive Blankertz 2012, S. 141 ff.) kennen, wenn sie ihre Klientinnen nicht instrumentalisieren wollen. Wird die Handlungssteuerung in der Hilfe durch Supervision systematisch verbessert, so stärkt und festigt dies zugleich das Selbstwertgefühl der Helfenden als professionelle Identität.

> ▶   Aufgabe: Was ist Ihre Motivation als helfende Person, als Supervi-
>   sor? Wie kam es zu Ihrem Wunsch, anderen Menschen zu helfen, die
>   selbst als Helferinnen tätig sind? Was denken Sie, welche ganz persön-
>   lichen Ressourcen und auch Risiken für Ihre Hilfeleistung sind damit
>   verbunden?

Supervision wird zum unverzichtbaren Baustein der Professionalisierung und des Qualitätsmanagements in helfenden Berufen. Sie hat sich seither weltweit weiterentwickelt (Hawkins und Shohet 2006, S. 4 ff.; Carroll 2007, S. 34 f.). In der

---

[1] Vgl. Kühl (2006).

Praxis wurde deutlich, dass eine individualpsychologische Perspektive allein für eine Steuerung von Hilfeleistungen nicht genügt. Mindestens genauso wichtig sind Kontexte der helfenden Organisation bzw. der Hilfsorganisation aus Helfenden und Klienten. Psychologische, organisationale und auch politische Merkmale können über das Gelingen und Misslingen von Hilfe in der konkreten Hilfebeziehung entscheiden. Beispiele sind: die Kultur der abgeschotteten Zigarettenpause, Selbstüberschätzung des eigenen Hilfebeitrags in helfenden Systemen und der damit verbundene Versuch, diese Systeme zu dominieren, Kontrolle statt Hilfe, Sparen statt Investitionen usw.

Organisationsdynamische Konzepte und Werkzeuge (Psychoanalyse der Organisation[2]), wie *Gruppendynamik, psychotische Muster von Organisationen, organisationale Spiegelphänomene,* werden gebraucht, um organisationale Kontexte mit ihren Handlungsspielräumen zu verstehen und handhabbar zu machen. Systemische bzw. systemtheoretische Konzepte, Person als System, Supervision als System, Organisation als System, werden verwendet, um die unterschiedlichen Perspektiven miteinander zu verbinden (Rappe-Giesecke 1990). – In den folgenden Jahren finden ursprünglich aus der Familientherapie stammende systemische Ansätze (von Schlippe und Schweitzer 1996) Eingang in die Supervisionspraxis. Eine explizit *systemische Supervision* (z. B. Ebbecke-Nohlen 2013) nährt sich auch aus der durchaus polemischen Behauptung einer „systemischen Weltsicht" (a. a. O., S. 13), im Unterschied zu einer „mechanistischen". Ähnlich argumentieren einige Praktikerinnen im deutschsprachigen Raum, um ihre eigenen Supervisionsangebote zu profilieren.

Jenseits der Gestaltung von Marketingoberflächen bedeutet die systemische Rahmung bzw. Kontextualisierung aber eine weitere Innovation und Erneuerung für das Verständnis von Supervision. Interventionen werden als *Angebote für eine verbesserte Selbstorganisation* von Klienten gefasst, das heißt als *Veränderungsangebote* für ihr Denken, Fühlen und Handeln, passend zu ihren Anliegen und Herausforderungen (Musteränderung). Dieses zentrale Konzept einer beraterischen Handlungstheorie, das erklären soll, wie Beraten funktioniert, unterscheidet sich von bisherigen Konzepten von Beraten als Ratschläge-Geben, Wissen-Vermitteln oder Vorhersagen-Machen. Neben spezifischen, auf die Steuerung sozialer Systeme abzielenden Interventionen (Aufstellungsarbeit, Lösungsorientierung usw.) haben in diesem Konzept psychoanalytische Deutungen und Vorgehensweisen weiterhin ihren Platz und können, wie in der Aufstellungsarbeit mit NLP-Konzepten, sogar damit verbunden werden (vgl. unten, Abschn. 4.2).

---

[2] Vgl. insgesamt Lohmer und Möller (2014).

In meinem Verständnis, das sich von einem rein psychologischen Verständnis von Supervision unterscheidet, ist *Supervision als Coaching* noch deutlicher an den Leistungsprozess der Klientinnen gebunden, der darin besteht, wirksame Hilfe zu leisten. Es geht nicht (nur) um Reflexion, sondern um Aktion der Supervisanden. Erfolgreiche Hilfe hat viele Mütter und Väter. Die Leistung der Supervision besteht aber darin, ihren Supervisanden genau diejenigen Interventionen anzubieten, die im konkreten Fall geeignet sind, ihre Steuerung des Hilfeprozesses zu verbessern und letztlich für ihre Klientinnen erfolgreich zu machen.

Psychologische Konzepte haben in diesem Verständnis eine dienende Rolle und werden durch systemtheoretische (auch betriebswirtschaftliche) Konzepte ergänzt und gerahmt. Die systemtheoretische Unterscheidung von *funktionalen und dysfunktionalen Handlungsmustern* ist dabei genau so leitend wie mehr betriebswirtschaftliche Vorstellungen von *Wertbeitrag und Dienstleistung als spezifische Interaktionen in sozialen Systemen.* In diesem Sinne wird Supervisionspraxis als Coaching verstanden. Sie greift auch auf Theoriebildung, Konzepte, Vorgehensweisen und umfangreiche geschichtliche Erfahrung aus den teilweise getrennt verlaufenen Methoden- und Theoriebildungen von Coaching und Supervision zurück.

2.2 Warum Supervision als Coaching verstanden werden kann

Die Frage schließt an eine zumindest im deutschsprachigen Raum teilweise leidenschaftlich geführte Diskussion über das Verhältnis von Coaching und Supervision an. Die einen[3] fassen dabei Supervision als das weitergehende Format auf, andere sehen Coaching als das umfassendere Gefäß. Vielleicht erklärt sich die „Vehemenz" der Debatte, von der Stefan Kühl (2008, S. 15) spricht, tatsächlich auch aus wirtschaftlichen Motiven: aus dem Versuch, „Begriffe auf dem Beratungsmarkt zu etablieren". Für einige Berufsverbände (Association of National Organisations for Supervision in Europe, ANSE) und auch im Kompetenzrahmen für Coaching und Supervision ECVision (2015) haben die Begriffe Coaching und Supervision die gleiche Bedeutung. Damit folgen sie einer Argumentation, wie sie Kurt Buchinger und Monika Klinkhammer (2007, S. 28 ff.) vorschlagen: „Eindeutige Unterschiede gibt es in der Geschichte der Supervision einerseits und Coaching andererseits [...]. In der Weiterentwicklung beider Beratungsformen lösen sich diese traditionellen Unterschiede weitgehend auf" (a. a. O., S. 31). Frühere polemische Diskussionen,

---

[3] Vgl. zur Darstellung Kühl (2008, S. 15 f.).

Coaching als kapitalistische und Supervision als emanzipatorische Beratungsform zu verstehen (vgl. Kühl 2008, S. 16), sind darin aufgehoben.

Die Versöhnung von Coaching und Supervision im deutschsprachigen Raum[4] fordert aber offensichtlich ihren Tribut: dass damit nämlich der klassische Bezug auf die Leistung (englisch: *performance*) von Coaching wie im angelsächsischen Verständnis[5] ausgeblendet wird. Zwar sprechen Buchinger und Klinkhammer (2007, S. 39 f.) noch von einer „durchgängigen Arbeitsbezogenheit" im Allgemeinen, der unmittelbare Bezug zu beruflichen oder sportlichen Leistungsprozessen rückt aber in den Hintergrund. Wie genau dieser Bezug vorgestellt werden kann, wird nicht erklärt. So nennt auch der hauptsächlich von deutschsprachigen Autorinnen verfasste ECVision (2015, S. 10) als erste Fähigkeit („competence"), die eine professionelle Haltung („professional attitude") auszeichnet, die Reflexivität („reflectivity"). Erst im zweiten Schritt geht es um die professionelle Leistung: „Thereby supervision/coaching supports a better professional performance..." (a. a. O., S. 30). Die Verbesserung der Leistung kommt in der Logik dieses Papiers also erst, *nachdem* Rollen geklärt, Konflikte gelöst, neue Einsichten gewonnen und Professionalisierungsprozesse in Gang gekommen sind.

Die Wirklichkeit sieht anders aus. Hilfe findet auch ohne klare Rollen statt, in Konfliktsituationen, wenn Einsicht erst viel später kommt. Der Behauptung, dass Leistungsverbesserung primär durch die Reflexion von Rollen, Konflikten und der eigenen Professionalität erreicht wird, widerspricht auch die Erfahrung vieler Kolleginnen, dass das fehlende Verständnis des eigenen Leistungsprozesses, des Helfens, selbst eine große Hürde darstellt, die dem Erfolg von Hilfe im Wege steht.

Eine bedeutende Innovation von Coaching war es, genau diese Logik von Problemsichten – Konflikte, unklare Rollen, fehlende Professionalisierung – und den damit verbundenen Lösungs- und Zielvorstellungen in der Beratung umzudrehen: Wenn du etwas erreichen willst, mach dir erst einmal eine deutliche Vorstellung von deinen Zielen und den Indikatoren, die anzeigen, dass diese verwirklicht sind (Resultate). Psychologische Forschung und Theoriebildung seit Mitte des letzten Jahrhunderts, wie Attributionstheorie, Motivationstheorie und auch positive Psychologie, geben starke Evidenz dafür, dass Selbstwirksamkeitserleben, Selbstaktualisierung und Selbststeuerung die wichtigsten Faktoren für erfolgreiches Handeln sind. Konzepte wie *Lösungsorientierung* und *Ressourcenorientierung* sind von daher in die Theorie und Praxis von Coaching (Loebbert 2015, S. 60 ff.) eingegan-

---

[4] Vgl. DGSv (2011a und b).

[5] Klassisch dafür Whitmore (1994).

gen. Eigene Rollengestaltung, Konflikte führen, Einsichten und die eigene Professionalisierung steuern kann das natürlich unterstützen.[6]

Supervision als Form von Coaching zu verstehen, bezieht sich auf ein Verständnis, wie es spätestens Hawkins und Shohet (2006, S. 57[7]) formulieren: Supervision unterstützt Helfende, in ihrer Tätigkeit noch wirksamer zu werden. Am Begriff der Supervision im Praxisfeld helfender Tätigkeiten festzuhalten, bedeutet, die besonderen Herausforderungen für Helfende, insbesondere psychodynamische und organisationale Merkmale helfender Beziehungen und Leistungen, deutlicher adressieren zu können als mit einem eher generischen Verständnis von Coaching als Supervision. Oder wie die Britische Gesellschaft für Counselling und Psychotherapie schon 1987 festhält: „The primary purpose of supervision is to protect the best interests of the client",[8] wobei damit der Klient der Hilfeleistung des Supervisanden gemeint ist. Zugleich wird mit dieser Anknüpfung an internationale Theoriebildung von Supervision auch die internationale Diskussion von Konzepten und Methoden erleichtert.

2.3 Was ist das Ziel von Supervision?

Supervision verstehe ich daher als Form von Coaching (persönliche Prozessberatung) von Menschen in Leistungsprozessen helfender Berufe. Ziel ist die Verbesserung und Entwicklung der Wirksamkeit von Hilfeleistung.

Im Mittelpunkt stehen die Anliegen der Supervisanden: für ihre Klientinnen nützliche und nachhaltige Hilfe zu leisten, darin erfolgreich zu sein. Supervision prozessiert den Unterschied von erfolgreicher und nicht erfolgreicher Hilfeleistung.[9] Das ist der vorausgesetzte Rahmenkontrakt (Arbeitsbündnis, vgl. oben, Anmerkung 7) und wird in der einzelnen Supervisionssequenz je und je konkret erarbeitet. Psychodynamisch (vgl. unten, Abschn. 3.2) geschulte Leserinnen werden an dieser Stelle vermuten, dass ja gerade das, was eine erfolgreiche und wirksame Hilfeleistung ist oder war, für die Supervisanden und ihre Klienten in Frage steht. Ob eine Hilfeleistung erfolgreich war, wird nicht in der Supervision entschieden. Was aber vorausgesetzt werden darf, ist die Intention, die Absicht, wirklich zu helfen bzw. die Hilfeleistung zu verbessern.

---

[6] Das sind *Hypothesen* der supervidierenden Person, was der Supervisandin für erfolgreiche Hilfeleistung im konkreten Fall nützlich sein kann.

[7] Vgl. auch dort weiterführende Literaturangaben.

[8] Zitiert nach Hawkins und Shohet (2006, S. 57).

[9] Vgl. zu diesem handlungstheoretisch fundierten Verständnis von Coaching Loebbert (2015b, S. 22).

Supervision dient der Verbesserung von Hilfe, des Nutzens für Klientinnen helfender Berufe und Organisationen. Das bedeutet im Einzelfall, eine helfende Beziehung zu gestalten, helfende Prozesse arbeitsteilig zu organisieren, die Effizienz von Hilfe im Verhältnis von Aufwand und Nutzen zu erhöhen, mit knappen Ressourcen das Bestmögliche zu erreichen, helfende Systeme in ihren Kontextbedingungen und Herausforderungen passend weiterzuentwickeln (Supervision als Organisationsentwicklung vgl. unten, Abschn. 2.4).

Für Kompetenzprofile von Supervisorinnen bedeutet dies, dass sie den Leistungsprozess ihrer Klientinnen auch fachlich mindestens im Umriss kennen und verstehen sollten.[10] Supervision in der Sozialen Arbeit, in der Krankenpflege, in der Therapie, in der Erziehung, der Beratung usw., im jeweiligen helfenden Beruf, braucht die Feldkompetenz der supervidierenden Person. Sie setzt die fachliche Einschätzung der Leistungsfähigkeit und die Fähigkeit zur Hypothesenbildung[11] über die Ergebnisse der supervidierten Hilfeleistung voraus. Darin ist auch die besondere Verantwortung von supervidierenden Personen für die Klientinnen ihrer Supervisanden begründet.

2.4   Was sind Funktionen von Supervision?

Funktion und Ziel von Supervision können verwechselt werden. Ergebnis sind mannigfaltige Missverständnisse in der Theorie und Unzufriedenheit in der Praxis, wenn mögliche Funktionen vor das Erreichen von Zielen gestellt werden. *Ziel* ist etwas, was direkt angestrebt wird, *Funktion* ist eine Aufgabe oder Leistung, die damit verbunden ist.[12] Wird das Ziel – die Verbesserung von Hilfeleistung – erreicht, erfüllt Supervision erfahrungsgemäß mehrere Funktionen.

---

[10] Zu viel Nähe oder gar Identifikation schränkt allerdings die Arbeit des Beobachters (vgl. unten, Abschn. 5.1) ein. Supervidierende Personen sollten die größten Risiken und Herausforderungen im Leistungsprozess ihrer Klientinnen kennen, ohne selbst darin verwickelt und dadurch in ihrer Urteilskraft getrübt zu sein.

[11] Vgl. zur Interventionstheorie insgesamt von Schlippe und Schweitzer (2010) und Loebbert (2015b, S. 25 ff.).

[12] Vgl. wie in der Mathematik „Funktion" als „etwas durch etwas". Die Verwechslung von Zielen und Funktionen in der Supervision kann auch mit der Hypothese verbunden werden, dass dies selbst ein Merkmal des sogenannten Helfersyndroms (vgl. unten, Abschn. 3.3) ist. Das wäre dann den Teufel mit dem Beelzebub austreiben.

Hawkins und Shohet (2006, S. 57 ff.)[13] schlagen vor, eine „restaurative" Funktion, eine „formative" Funktion und eine „normative" Funktion zu unterscheiden: „restaurativ" bezieht sich auf das, was ich an emotionaler Entlastung und Einbindung brauche, um überhaupt arbeitsfähig zu sein; „formativ" meint bildend, in der eigenen professionelle Reflexion und Entwicklung; „normativ" bedeutet im Sinne der Realisierung beruflicher Standards auf der Höhe der Zeit. Diese drei personenorientierten Funktionen sind aus meiner Sicht durch die Funktion von Supervision für Organisationsentwicklung zu ergänzen.

- **Erhaltung und Entwicklung der Arbeitsfähigkeit**

Hilfeleistung ist für die helfenden Personen mit einer seelischen Arbeit an sich selbst verbunden. Für die mit Hilfe oft einhergehenden belastenden Situationen, der Auseinandersetzung mit Leid, Hilflosigkeit, Krankheit, Ausweglosigkeit, brauchen Helferinnen immer wieder die Möglichkeit, all dies zu verarbeiten, um selbst gesund und leistungsfähig zu bleiben (hygienische Funktion von Supervision für reflexive Emotionsregulation). Erschöpfung und Burn-out[14] sind Risiken helfender Berufe, die immer wieder gesteuert werden müssen.

Supervision unterstützt dabei, die eigenen Möglichkeiten und Grenzen für Hilfeleistung einzuschätzen. Schon allein einen Ort zu haben, an dem Verstörung und Enttäuschung über die eigene Hilfeleistung offen ausgesprochen werden können, ohne Verwandte und Freunde aus der privaten Welt damit zu belasten, erleichtert.

Persönliche Entwicklung kann damit einhergehen. Die Arbeit an kritischen Situationen mit Klientinnen bedeutet immer auch Arbeit an sich selbst, die Vergegenwärtigung und manchmal Überschreitung eigener Grenzen.

- **Professionelle Entwicklung**

Inhalt von Supervision ist auch die Reflexion beruflichen Handelns. Es geht um die Erweiterung von Reflexionsbegriffen für eine verbesserte Steuerung der Praxis. Die formative Funktion von Supervision setzt bei der supervidierenden Person Fachkompetenz im Handlungsfeld ihrer Klientinnen voraus. Reflexionsbegriffe, Konzepte, Modelle und Theorie (vgl. z. B. unten, Abschn. 3.1, Theorie und Konzept der Hilfeleistung) werden als Interventionen zur Verfügung gestellt. Supervisanden soll dadurch ermöglicht werden, ihr Handeln auf neue Art zu reflektieren

---

[13] Nach dem Aufsatz von Inskipp und Proctor (1993). Hawkins und Shohet bemerken, dass die Unterscheidung nur phänomenal, nicht systematisch gestützt ist. Sie bewährt sich allerdings in der Praxis der Auftragsklärung, der Klärung von Erwartungen der Kunden an die Resultate von Supervision.

[14] Vgl. die umfängliche Darstellung bei Belardi (2015, S. 26 f.).

und zu steuern. Doch ist Supervision keine Lehrveranstaltung. Wie viel und welche Art von Reflexion angeboten wird, wird durch das konkrete Anliegen der Supervisanden bestimmt.[15]

Professionelle Entwicklung bedeutet auch die Entwicklung von passenden, für die Hilfeleistung funktionalen Gefühlen und Einstellungen (klassisch: „Herzensbildung"). Empathische Kompetenz, Menschenfreundlichkeit, Distanzierung von eigenen Vorurteilen sind Merkmale professioneller Helfer.

Professionelle Entwicklung ist die Funktion des dabei stattfindenden *Handlungslernens*: Es geht darum, die eigene professionelle Tätigkeit schneller, effizienter und erfolgreicher zum Wohl der Klientinnen von Hilfeleistung steuern zu können. Im Unterschied zu anderen Organisationen des Lernens wie Unterricht oder Training ist Handlungslernen eng mit professioneller Entwicklung verbunden: Helfen als Profession, professionelle Hilfe braucht Supervision für ihre Erfolgssteuerung und Weiterentwicklung.

- **Qualitätsmanagement in helfenden Berufen**

Es ist ein fachlicher Fehler, nicht auf der Höhe seiner Zeit zu sein. Inskipp und Proctor sehen in diesem Bereich die „normative Funktion"[16] von Supervision. Im Unterschied zur Führungslinie ist damit vor allem eine fachliche, professionelle Funktion gemeint: Wer in einem helfenden Beruf arbeitet, braucht ein gewisses Maß an Supervision, um Hilfeleistung erfolgreich gestalten zu können. Kriterien sind sowohl Erfolgssteuerung und professionelle Weiterentwicklung als auch die Aufrechterhaltung der funktionalen Arbeitsfähigkeit.

Dabei geht es nicht nur um Erfüllung von Normen eines formalen Qualitätsmanagements. Qualitätssteuerung im Einzelfall helfender Tätigkeit ist aber mit einem bestimmten Budget für Supervision verbunden. Das gilt insbesondere für die Bewältigung kritischer Situationen, in denen unklar ist, ob Hilfe überhaupt stattfindet, ob die Tätigkeit der helfenden Person tatsächlich erfolgreich ist. Der Qualitätsbeitrag von Supervision besteht auch in der Auflösung ineffizient gewordener Routinen, Anpassung der Hilfeplanung für konkrete Klientinnen, Verbesserung der Wirksamkeit der Hilfeleistung.

Fachliche Kontrolle kann durchaus eine Funktion von Supervision sein (vgl. oben zur „formativen" Funktion von Supervision). Insbesondere sind es aber die psychologischen und organisationalen Eigentümlichkeiten von Hilfeleistungen (vgl. unten,

---

[15] Vgl. zur Theorie des Beratungshandelns im Coaching überhaupt Loebbert (2015b, S. 19 ff.).

[16] Vgl. Hawkins und Shohet (2006, S. 57 ff.), nach dem Aufsatz von Inskipp & Proctor (1993).

Kap. 3), die Supervision für Hilfeleistungen in bestimmtem Maße notwendig machen, damit sich aufgewendete Ressourcen auch für die Klienten der Hilfe rechnen.

- **Organisationsentwicklung**

Bei dieser Funktion sind nicht nur die helfenden Personen oder ein Helferteam im Blick. Qualität und Effizienz von Hilfeleistungen werden auch durch das *System* der beteiligten Personen bestimmt. Dazu gehören u. a. die Merkmale des sogenannt *helfenden Systems* bzw. all derer, die für die Organisation der Hilfeleistung eine Rolle spielen: eine Klinik, eine Beratungsfirma, eine Behörde, die Zusammenarbeit unterschiedlicher Expertinnen. So ist eine Funktion von Supervision immer auch Organisationsentwicklung als Verbesserung und Entwicklung des Leistungsprozesses in der Hilfeorganisation. Umgekehrt bedeutet das für Supervision, diese Funktion mit im Auge zu behalten und auch zu thematisieren, wenn die organisationale Perspektive für die Verbesserung der Hilfeleistung eine Rolle spielt (vgl. Carroll 2014, S. 101–115).

2.5 Settings für Supervision und was sie leisten können

Das Setting ist Bestandteil des Kontraktes[17] oder des Angebotes durch den Coach bzw. die supervidierende Person. Darin werden die Rollen der Beteiligten, Ort und Art der Durchführung vereinbart. Es macht zum Beispiel einen Unterschied, ob die Supervision am Arbeitsplatz der Supervisanden oder in den Räumlichkeiten der supervidierenden Person stattfindet. Fragestellungen wie Nähe und Abstand, selbstverständliche Einbindung in den Arbeitsprozess, Betonung der restaurativen Funktion (z. B. Supervision an einem Erholungsort) können darin bearbeitet werden. Die Vereinbarung des Settings ist eine Intervention, die den Supervisanden konkreten Nutzen für ihre Anliegen verspricht.

- **Einzelsupervision**

Persönliche arbeitsbezogene Krisen, Einzelfallarbeit oder individuelle berufliche Leistungsentwicklung (Ausbildungs- und Lehrsupervision) werden mit Einzelsupervision in der Dyade supervidierende und supervidierte Person bearbeitet. Ein Team, das zugleich für die gemeinsame Aufgabe, den gemeinsamen Leistungsprozess verantwortlich ist, steht nicht zur Verfügung. Im Vergleich zu Team- und Grup-

---

[17] Vgl. Loebbert und Wilmes (2013, S. 29) und insgesamt zu diesem Abschnitt die Einführung von Belardi (2015, S. 99 f. u. 110 ff.).

pensupervision ist Einzelsupervision die weniger leistungsfähige Variante, da Systemkontexte darin nur stellvertretend oder symbolisch bearbeitet werden können.

- **Teamsupervision**

Teamsupervision arbeitet mit Teams als handelnde Einheiten, das sind Menschen, die in einem gemeinsamen Leistungsprozess verbunden sind.[18] Rollengestaltung, Gruppendynamik, Teamentwicklung beziehen sich immer auf die Leistungsverbesserung für konkrete Klientinnen (der Supervisandinnen) der Hilfe. Auch eher persönlich zugeschriebene Krisen, Konflikte mit Klienten, persönliche Hilfebeziehungen können gut im Teamsetting bearbeitet werden. Teamarbeit bildet den psychodynamischen Kontext und den Resonanzraum. Einzelthemen sind aus systemtheoretischer Sicht immer Symptome für das Gesamtsystem, auch wenn diese durch bestimmte Stileigentümlichkeiten der konkret beteiligten Personen ausgedrückt werden. – Problemzuschreibung auf Personen im helfenden System ist ein häufiger Fehler, der in der Regel mehr mit dem fehlenden Bewusstsein des Übertragungsgeschehens (vgl. unten, Abschn. 3.2) zu tun hat als mit dem realen Geschehen. – Erfolgreiche Hilfeleistung kann natürlich an gravierenden psychopathologischen Störungen von Einzelpersonen scheitern, doch ist das nicht mehr Gegenstand von Supervision.

Herkömmliche Versuche, Fall- und Teamsupervision zu unterscheiden und in unterschiedlichen Settings zu bearbeiten, sind missverständlich. Supervision ist Supervision. Ob sich die supervidierende Person in einem Teamsetting entscheidet, mehr direkt fallorientierte Interventionen anzubieten oder Parallelprozesse im Team zu bearbeiten (vgl. unten, Abschn. 3.4) und für die Hilfearbeit zu nutzen, hängt vom konkreten Anliegen ab, nicht von einem abstrakten Programm.[19] Maßstab ist der mögliche Nutzen für das Anliegen der Klienten.

- **Gruppensupervision**

Gruppensupervision für drei bis acht Personen aus unterschiedlichen Hilfekontexten oder sogar unterschiedlichen Praxisfeldern nutzt die Möglichkeiten der Gruppe, als Resonanzraum und Verstärker für individuelle und organisationale Prozesse

---

[18] Vgl. Loebbert (2013b).

[19] Aus der unten in Abschn. 3.5 vorgelegten Darstellung von organisationalen Parallelprozessen kann sogar gefolgert werden, dass diese Unterscheidung von Fall- und Teamsupervision im Teamsetting selbst einen Parallelprozess der Aufspaltung von beruflichem Hilfehandeln in ausgewiesene fallbezogene Interventionen und nicht zum beruflichen Handeln gehörende alltagspraktische Arbeit impliziert. Aus der Sicht der Gestaltung von Hilfeleistung ist alles Handeln von helfenden Personen Intervention.

zu fungieren. In der Regel dient sie vor allem der kontinuierlichen Fallarbeit und individuellen Professionalisierung (Ausbildungskontext) der Teilnehmenden.

Sind die Teilnehmenden in unterschiedlichen Teams und Leistungsprozessen tätig und zugleich Mitglieder derselben Organisation, kann Gruppensupervision eine wichtige Funktion für die Organisationsentwicklung wahrnehmen. Der gemeinsame Bezugspunkt in der konkreten Supervisionsarbeit wird auch zur gemeinsamen Entwicklungsherausforderung: Was wollen wir in unserer Organisation ändern und weiterentwickeln, um unseren Klientinnen eine noch bessere Hilfeleistung anzubieten?

- **Peer-Supervision – Intervision**

Kollegiale Supervision oder Peer-Supervision kann als Team- oder Gruppenintervision gestaltet werden. Voraussetzung ist der professionelle Anspruch der Teilnehmenden und die fachliche Supervisionskompetenz[20] der Team- oder Gruppenmitglieder. Ausschlussthemen sind insbesondere für Teamintervision interne Konflikte, Teamentwicklung. Für Fallarbeit ist der Übergang zur Fallbesprechung fließend, da in der Regel die Rolle des Fallgebers nicht klar bestimmt werden kann. Für Gruppenintervision gelten die gleichen Leistungsmöglichkeiten wie für Gruppensupervision. Verbindliches Einhalten von Supervisionsregeln – wie Vertraulichkeit, gemeinsame Evaluation und Termintreue – sind Voraussetzungen für eine erfolgreiche Arbeit. Nach meiner Erfahrung verbessert die Einführung der Rolle eines Lead-Coaches die Prozesssteuerung und die Effizienz. Peer-Supervision eignet sich besonders für fachlich kompetente Coaches, Beraterinnen und Supervisorinnen. Der in einigen Praxisfeldern (z. B. Schule, Krankenpflege) anzutreffende Übergang zur kollegialen Beratung hat in der Regel die Form von Lern- und Ausbildungsprojekten (Lerngruppen). Spezifische supervisorische Themen wie Übertragung oder Spiegelungen (vgl. unten, Kap. 4) können in kollegialen Beratungs- und Lerngruppen, wegen der fehlenden Kompetenz der Teilnehmenden in der Regel nicht bearbeitet werden.

---

[20] Darin unterscheidet sich das hier vorgetragene Verständnis von Intervision von einer verbreiteten Praxis, dass Menschen in helfenden Berufen sich in einer Art von Erfahrungsaustausch oder kollegialer Beratung in Intervisionsgruppen supervidieren könnten. Die Ergebnisse sind nach meiner Erfahrung mager und verstärken eher dysfunktionale Handlungsmuster der Helfenden, als dass sie diese verändern.

2.6   Was sind Anlässe für Supervision, und wie wird sie eingesetzt?

Allgemein kann man sagen, Supervision ist genau dann nützlich, wenn für Klienten von helfenden Personen und Organisationen Verbesserungen erreicht werden. Auftraggeber und Supervisandinnen haben eine umrisshafte Vorstellung darüber entwickelt, was für ihre Klienten noch besser laufen könnte. Wenn ich nicht denke, dass es noch besser geht, brauche ich keine Supervision (Hawkins und Shohet 2006, S. 4; Carroll 2007, S. 35).

Unmittelbare Anlässe sind a) konstruktive Unzufriedenheit mit der Hilfearbeit, b) spürbar destruktiv geführte Konflikte mit Klientinnen, Klientengruppen, anderen Anspruchsgruppen der Hilfeleistung, destruktive Konflikte im helfenden Team, c) Symptome von Einzelpersonen wie zunehmende Häufigkeit von Krankheiten und Absenzen, Erschöpfungszustände.

In helfenden Kontexten sind auch Fragestellungen des Coachings von Führungskräften, Coaching von Management- und Leitungsteams, Coaching von Wiedereinsteigerinnen in den Beruf mit supervisorischen Fragen verbunden: Fokus ist auch hier die konkrete Hilfe für die Klientinnen der Hilfeleistung. Es geht um die Führung und Organisation von Hilfeleistung.

Die Leistung von Supervision ist das Erreichen der gewünschten und vereinbarten Ergebnisse für ihre Kunden. Das sind sowohl Ziele als auch die Erfüllung der oben dargestellten Funktionen. In der Praxis bedeutet dies, dass Supervision in der Regel keine singuläre Veranstaltung ist, sondern *begleitend zum Leistungsprozess der Supervisanden* in einer Folge geplant wird. Aufwand und Maß (Design[21]) bemessen sich nach dem konkreten Anliegen (Ziele) und den professionellen Funktionen von Supervision (vgl. oben, Abschn. 2.4).

Auftraggebende für Supervision sind in der Regel professionelle Helferinnen oder Menschen, die Hilfe, auch ehrenamtlich, mit professionellen Standards organisieren und verantworten (vgl. unten, Abschn. 3.1, Hilfe als Leistungsprozess). Der Einsatz von Supervision bemisst sich daher in der Praxis auch nach den zur Verfügung stehenden Ressourcen. Für das Verständnis von Supervision als Parallelprozess gilt: Ein wenig Supervision ist besser als gar keine Supervision. Die Einführung von intervisorischem Arbeiten (vgl. oben, Abschn. 2.5, Peer-Supervision) ist manchmal kostengünstiger als Supervision durch externe Fachpersonen. Wirksame Intervision braucht aber in der Regel eine professionelle Einführung, um für einige Zeit zu funktionieren. – Zur Qualität und Professionalität von Hilfeleistung

---

[21] Vgl. meine Zusammenfassung der Designarbeit im Coaching: Loebbert (2015b, S. 119–124).

gehört es, ein bestimmtes Budget für Supervision einzuplanen. Dafür spielen die jeweiligen konkreten Ziele und Anlässe, der professionelle Entwicklungsstand der Helfenden und die tatsächlich erreichbaren Verbesserungen für die Klientinnen der Hilfe eine Rolle. Supervision ist eine Investition in die Verbesserung von Hilfe.

Konzepte für Supervision

3

Spezifische Konzepte für Supervision beziehen sich auf helfende Leistung bzw. die Gestaltung helfender Beziehung – in gewissem Unterschied zu anderen Leistungsprozessen im Sport, im Management oder in der Politik. Helfende Leistung bedeutet, dass einer oder mehreren Personen geholfen wird; sie erfahren in ihren Anliegen Beistand, Förderung und Unterstützung,[1] sei es darin, einen nächsten Handlungsschritt zu gehen, sei es, Klarheit zu gewinnen, gesund zu werden, weniger zu leiden usw. Dabei braucht es von der helfenden Person ein grundlegendes Verständnis für die Herausforderungen, Fragestellungen und gängigen Lösungen im jeweiligen Praxisfeld ihrer Klientinnen. Analoges gilt für die supervidierende Person.

Schon die Verantwortung des Supervisors beinhaltet, Supervisanden und damit auch deren Klientinnen nicht ihre Zeit zu stehlen und sogar, gegebenenfalls mit äußerster Konfrontation, die Partei der Klientinnen der Supervisanden zu ergreifen. Das setzt bei Supervisoren, mehr noch als in anderen Coaching-Praxisfeldern, eine mindestens grundständige fachliche Expertise im Handlungsfeld ihrer Supervisanden voraus. Den Supervisanden zumindest nicht schaden und Schaden für deren Klienten vorzubeugen bzw. im Rahmen der Möglichkeiten der Supervision abzuwenden, das bedeutet auch, dass es aus ethischer Sicht angezeigt ist, Aufträge für Supervision zurückzugeben, die vielleicht nicht nur keine Verbesserung, sondern gar eine Verschlechterung für die Klienten der Hilfe beinhalten.

---

[1] Zur Bedeutung von „Hilfe" vgl. Grimm und Grimm (ab 1852).

© Springer Fachmedien Wiesbaden 2016

M. Loebbert, *Wie Supervision gelingt*, essentials,

DOI 10.1007/978-3-658-13106-7_3

3.1 Hilfe als Leistungsprozess

Helfen gelingt, wenn die Hilfe für den Klienten zu einer Verbesserung führt. Der entscheidende Unterschied besteht darin, ob es *mit* Hilfe für den Klienten besser oder und *(ohne* Hilfe) schlechter wird.[2] Bob Carkhuff (2009, S. 15 f.) definiert *Hilfe als einen interpersonalen*[3] *Prozess von helfender und geholfenen Person* (englisch: *helper* und *helpee*). In diesem Sinne kann Hilfe in einem Phasenmodell dargestellt werden, das jeweils den Prozess der helfenden Person und den ihrer Klienten parallel zueinander und unmittelbar aufeinander bezogen anordnet.

Abbildung 3.1, Helfen als Leistungsprozess, stellt diesen interpersonalen oder auch interaktiven[4] Zusammenhang in einem Zwei-Kreise-Modell dar. Für eine bes-

Prozess der helfenden Person
(innerer Kreis): 1. Zuwendung –
Klienten in ihren Möglichkeiten
erkennen, 2. Klärungsunterstützung
für passende Ziele, 3. Hypothesen
zu Handlungsmöglichkeiten, 4.
Interventionen zu möglichen
Handlungsschritten, 5. Evaluation
des Erreichten.

Prozess des Klienten der Hilfe
(äußerer Kreis): 1. Sich auf Hilfe
einlassen, 2. eigenepassende Ziele
finden, 3. Exploration neuer
Möglichkeiten, 4. sich füretwas
Neuesentscheiden, 5. die Hilfe
nutzen und Handeln.

Abb. 3.1 Helfen als Leistungsprozess

---

[2] Vgl. Carkhuff (2009, S. 10 f.) – Dieser Bestseller – hier wird auf die 9. Auflage Bezug genommen (1. Auflage 1971) – wurde weltweit über eine Million Mal verkauft und gehört zu den meistzitierten psychologischen Fachbüchern in den Vereinigten Staaten.

[3] Aus meiner Sicht bedeutet das Verständnis von Hilfe als interpersonaler Prozess natürlich nicht, dass Systemkontexte außer Acht gelassen werden. Im Gegenteil: In der weiteren Entwicklung einer allgemeinen Theorie von Hilfeinterventionen wird nach unserem heutigen Wissensstand ein systemtheoretisches Verständnis von sozialen Interaktionen eine zentrale Rolle spielen. Vgl. Schein (2009, S. 9 f.): „helping is a social process."

[4] Vgl. Schein (2009, S. 13).

sere Verständlichkeit im Rahmen der Diskussion über Coaching lehnen sich die verwendeten Begriffe an das früher dargestellte Modell für Coaching und Prozessberatung[5] an.

Dies sei am Beispiel der Krankenpflege illustriert. Für die Helferseite: 1. Zuwendung zum Patienten und Wahrnehmung seiner Ressourcen, 2. Klärung seiner realistischen Ziele, 3. mögliche Unterstützung gemeinsam planen, 4. konkrete pflegerische Maßnahmen, 5. Evaluation. Die Patientin 1. lässt sich auf die helfende Beziehung ein, 2. entwickelt eine eigene Vorstellung davon, was sie damit erreichen kann, 3. engagiert sich selbst für die nächsten Schritte, 4. kooperiert bei den pflegerischen Interventionen, 5. nutzt diese für die Erweiterung und Verbesserung ihrer Handlungsmöglichkeiten.

Die Leistung der helfenden Person kann darin als die unmittelbare Unterstützung von Klientinnen in ihrem Handeln beschrieben und verstanden werden. Das gilt auch im weniger offensichtlichen Fall beim Zahnarzt oder bei der Massage: Die Interventionen der helfenden Person messen sich nicht nur am Resultat – gutes Gebiss oder gelockerte Muskeln –, sondern müssen sich im Handeln bewähren, damit die Hilfe tatsächlich als Hilfe bewertet werden kann (5. Evaluation). – Weiter weist die Konzeptbildung von Hilfe als Interaktion darauf hin, dass auch scheinbar rein materielle Hilfe (Zelte, Decken, Geld usw.) nur funktioniert, wenn die Interaktion funktioniert. Auch materielle Güter müssen sich im Handeln bewähren, um als wirkliche Hilfe gelten zu können.

Als Erfolgsbedingungen sind die einzelnen Phasen aufeinander bezogen: Zuwendung und Etablierung einer helfenden Beziehung sind die Voraussetzung für gelingende Klärung, Klärung ist die Voraussetzung für nützliche Hypothesenbildung und Interventionen, Evaluation ist die Voraussetzung, dass die Hilfe für Klientinnen wirklich einen Unterschied macht, das ist eine Verbesserung bringt. Damit folgt die Darstellung einer allgemeinen Theorie der Hilfeleistung wie der von Carkhuff (2009) oder Schein (2009). Mindestens diese allgemeine Vorstellung ist Bezugspunkt der Hypothesen durch die supervidierende Person für das, was der supervidierten Person nützlich sein könnte, um ihre Hilfeleistung zu verbessern.

Helfen bleibt aber zuerst und zunächst *Beziehungsarbeit*. Gelingende Hilfe braucht die aktive Beziehungsgestaltung der helfenden Person in der Interaktion von *Zuwendung* und *Sich-auf-Hilfe-Einlassen*. Das ist Erfolgsbedingung sogar für den Fall, dass es Klientinnen wegen kognitiver oder psychischer Beeinträchtigungen gar nicht möglich ist, dem Hilfeprozess zu folgen, und die helfenden Personen aus ihrer anwaltschaftlichen Verantwortung (englisch: *advocacy*, vgl. Urban-Stahl 2013) den Hilfeprozess bestimmt.

---

[5] Loebbert (2015b, S. 28 ff.).

Darum sind psychoanalytische Konzepte (vgl. Bauriedl 2004: „Psychoanalyse als Beziehungstheorie"), methodische Konzepte der Beziehungsanalyse und Beziehungsgestaltung weiter zentral für gelingende Supervision. Im Zentrum der Reflexion und Gestaltung helfender Beziehung steht Freuds Entdeckung der *Übertragung* als eines spezifischen Merkmals von Hilfe: Wo Hilfe geschieht, ist auch Übertragung.

3.2   Übertragung und Gegenübertragung

Das *Phänomen der Übertragung* ist zuerst durch Sigmund Freud[6] konzeptionell gefasst worden. Der Klient, die Klientin *überträgt* seinen oder ihren Wunsch nach Hilfe auf die helfende Person. Die helfende Person *überträgt* ihren Wunsch, Hilfe zu geben und zu unterstützen, auf den oder die Klientin – wir sprechen von *Gegenübertragung*. Übertragung als seelisches Muster (Abb. 3.2) ist in der Regel in der Kind-Eltern-Beziehung geprägt: das unselbständige Kind und die Eltern als Helfer und Problemlöser. In der Gegenübertragung nehmen die Eltern das Kind als unselbstständig und hilfsbedürftig wahr. Mit der Übertragung/Gegenübertragung verbunden sind Wünsche von Klienten nach Rettung, Erlösung und auch nach Geliebtwerden, analog die Wünsche der helfenden Person, ihre Klienten zu retten, zu erlösen und ihnen Gutes zu tun. Eine wichtige Leistung der Helfenden besteht

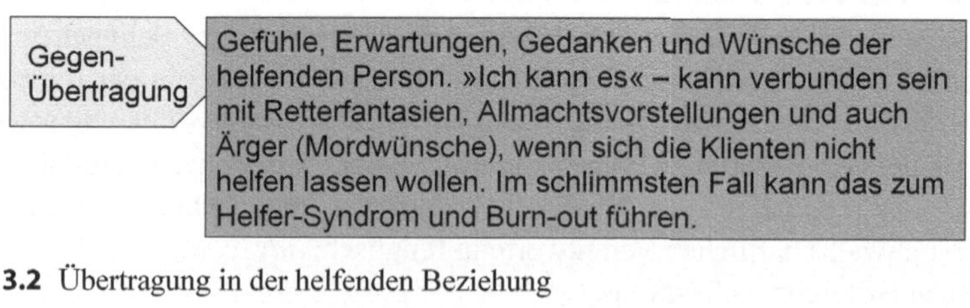

Abb. 3.2 Übertragung in der helfenden Beziehung

---

[6] Freud (1912). Eine ausführliche Darstellung des Übertragungskonzeptes für Coaching und Supervision gibt de Haan (2011).

darin (vgl. oben, Abschn. 3.1, zweite Phase des Hilfeprozesses, Klärung der Ziele der Klientin), genau dieses übertragene Muster aus seiner Eingeschränktheit – das Kind macht, was die Eltern wollen oder was sich das Kind vorstellt, dass die Eltern wollen – zu befreien und für den Klienten als Hilfe zur Selbsthilfe verfügbar zu machen. Geht die helfende Person dem Klienten „an den Haken" und erliegt der „Lockung der Übertragung", verliert sie die Möglichkeit, dem Klienten sein Muster durchsichtig zu machen, und damit die Möglichkeit der eigenen Hilfeleistung. – Dieses „Kleben" der Helferin am Klienten und die wechselseitige Abhängigkeitsbeziehung führt in der Realität zum Bruch des Arbeitskontrakts. Der Helfer ist nicht mehr nützlich. Der Bruch der Beziehung kann innerhalb der helfenden Beziehung nicht bearbeitet werden. Externe Unterstützung, Supervision, ist in der Regel für die helfende Person notwendig. Es ist ein gravierender professioneller Fehler, den gebrochenen Kontrakt innerhalb der Abhängigkeitsübertragung (Symbiose) mit Klienten weiterzuführen (z. B. Liebesbeziehung) – und gerade was sexuelle Kontakte anbetrifft, berufsethisch selbstverständlich ausgeschlossen.

Aus systemtheoretischer Sicht ist die Fähigkeit der *Übertragung (und Gegenübertragung)* zuerst *eine Leistung seelischer Systeme,*[7] in der Vergangenheit bewährte Muster der Erfahrung auf neue Situationen und Personen zu *übertragen*. Es ist eine Voraussetzung dafür, Hilfe überhaupt annehmen und geben zu können.

Supervision unterstützt helfende Personen, sich Übertragungs- und Gegenübertragungsthemen bewusst zu machen (Abb. 3.2) und für Hypothesen und Interventionen zu nutzen. Für gelingende Hilfe *funktional* ist Übertragung zur Etablierung und Aufrechterhaltung der Hilfebeziehung, *dysfunktional* bei Verwechslung mit der Realität: Der Klient ist Subjekt, nicht Objekt der Hilfe.

Die jeweilige Ausprägung ist eng mit den konkreten Personen und Situationen, ihren Erfahrungen und Geschichten verbunden. Die Gegenübertragung der helfenden Person wird insbesondere dann dysfunktional, wenn die Zuwendung und Klärung nicht mehr im Dienst der Klientin steht, sondern eigene Wünsche und Vorhaben bedient, wie zum Beispiel eine erotische Beziehung einzugehen. – Das gilt natürlich genauso für die supervidierende Person.

---

[7] Psychodynamische Phänomene, wie Spiegelungen (vgl. Abschn. 3.5) oder auch Widerstand, sind aus systemtheoretischer Sicht generell Prozesse zur Aufrechterhaltung und Herstellung der Leistungsfähigkeit seelischer Systeme. Sie haben zunächst überhaupt nichts Krankhaftes an sich, im Gegenteil, wir verstehen sie als notwendige Ressourcen. Und selbst in ihrer dysfunktionalen Ausprägung können sie wertgeschätzt und gewürdigt werden. – Hier interessieren allerdings nur Merkmale, die für helfende Interaktion spezifisch wichtig sind.

3.3 Das Helfersyndrom

Der Begriff des Helfersyndroms hat sich bis in die Alltagssprache verbreitet. Seit vielen Jahren ist es in den Schlagzeilen der Presse: Misshandlung von Heimbewohnern, Tötung von Patientinnen – und die andere Seite: ausgebrannte Helferinnen, Selbstmorde von Helfenden und Klienten. Die Begabung zu helfen, die Gegenübertragung, die Fähigkeit, sich in andere hineinversetzen, Empathie werden zum Fluch. Rettungsfantasien von Helfenden, Wunsch nach absoluter Kontrolle, Überarbeitung, Autoaggression, Aggression gegenüber Klientinnen sind Symptome oder Merkmale, die unter dem Begriff des Helfersyndroms[8] zusammengefasst werden. Insofern geht das Konzept über die Vorstellung von *Burn-out* als subjektiver Befindlichkeit des Sich-ausgebrannt-Fühlens hinaus bzw. bringt es in den Kontext einer wirklich gravierenden Störung der Hilfeleistung.

Die Herausforderung für Supervision besteht darin, diese Merkmale oder Anzeichen in ihrer Hypothesenbildung zu berücksichtigen und zu thematisieren. Professionelle Helferinnen kennen ihr Talent für Empathie und die Risiken, die damit verbunden sind. Supervision unterstützt ihre Selbststeuerung, Gegenübertragung immer wieder zurückzunehmen und kritisch zu überprüfen (vgl. oben, die Aufgabe in Abschn. 2.1). Das ist eine wichtige Leistung von helfenden Personen (seelische Arbeit) und Voraussetzung für die Erhaltung ihrer Arbeitsfähigkeit.

3.4 Containment

Das Konzept des Containments stammt wahrscheinlich von Wilfred Bion.[9] Er machte in Therapiegruppen[10] die Erfahrung, dass es für den Erfolg und auch die Geschwindigkeit des Fortschrittes der Gruppe insgesamt einen Unterschied macht,

---

[8] Vgl. insgesamt zur psychoanalytischen Fassung des Helfersyndroms Schmidbauer (1977, seither in vielen Auflagen). Manchmal wurde eingewandt, dass die psychoanalytische Fassung des Helfersyndroms sich mit klassischen empirischen Untersuchungen nicht bestätigen lasse. Psychodynamische Konzepte seelischer Kräfte wie Übertragung und Helfersyndrom oder im Folgenden Containment, Parallelprozesse, Schattendynamik sind phänomenologisch gewonnen. Evidenz erhalten sie aus den Augen der geschulten Fachperson aufgrund ihrer pragmatischen Nützlichkeit in der Praxis der Supervision. Die *Spiegelneuronen* aus der Hirnforschung (vgl. Anmerkung 12, unten) verleihen der These, dass es solche Prozesse tatsächlich gibt, neurologische Evidenz.

[9] Das Konzept wurde meines Wissens am Tavistock Institute in London entwickelt. Der Begriff selbst taucht bei Bion (1961) nicht auf. Auch für dieses Konzept können immer mehr empirische Evidenzen aufgeführt werden – dass es auch empirisch darstellbar ist, welchen Unterschied das Containment der helfenden Person auf den Erfolg von Hilfe hat.

[10] Wilfred Bion (1961).

wie die helfende Person ihre Wahrnehmungen, Gefühle und Gedanken über die Gruppe verarbeitet. Gelingt es ihr auch in kritischen Situationen, negative Gefühle und Gedanken aus der Gruppe zu akzeptieren und zugleich die eigene Zuversicht aufrechtzuerhalten, so gelingt es auch der Gruppe bzw. ihren Mitgliedern leichter, sich auf den helfenden Prozess einzulassen.

Die helfende Person macht einen Unterschied, indem sie für negative oder bedrohliche Anteile ihrer Klientinnen und damit auch für die eigenen negativen Gefühle und Gedanken offen bleibt. In bestimmter Weise erlaubt sie im Hilfeprozess ihren Klientinnen, die Kontrolle über ihre Gefühle und Gedanken zu übernehmen. Sie hält sie aus (englisch: *to contain*), wird davon nicht überwältigt, sondern nutzt ihre Beobachtung für Hypothesenbildung und Interventionen. Helfende Personen erweitern mit aktivem Containment, Nachsinnen über die eigenen Assoziationen, Emotionen und Bilder ihrer Klientinnen, ihre Daten für Hypothesen. Wenn Helferinnen mit Blick auf die Möglichkeiten ihrer Klientinnen auch noch optimistisch bleiben, dass sie mit ihren Anliegen erfolgreich sein können, erreichen sie in der Regel bessere Ergebnisse.

Supervision ist in doppelter Weise mit Containment befasst: das Containment der Supervidierten mit Blick auf ihre Klientinnen und das der supervidierenden Person mit Blick auf ihre Supervisanden. Damit kann den supervidierten Personen ein großer Reichtum an Daten zur Verfügung gestellt werden, der neue Möglichkeiten der Hypothesenbildung und Interventionen schafft.

3.5 Personale und organisationale Parallelprozesse

Für die supervisorische Praxis bedeutet die Behauptung bzw. These *personaler und organisationaler Parallelprozesse,*[11] dass sich seelische und organisationale Prozesse von Klienten und Kundensystemen in bestimmter Weise in den helfenden Personen *spiegeln*[12] oder abbilden können. Das ermöglicht die schnelle, intuitive Orientierung von helfenden Personen in den Wahrnehmungswelten ihrer Klientinnen und ist zunächst meist nicht bewusst. Helfende Personen fühlen und denken, wie ihre Klientinnen es tun; Beziehungsgeschehen von Menschen in Klienten- und Kundenorganisationen werden von den helfenden Personen (Helfersystem) in be-

---

[11] Nach Petzold et al. (2003, S. 111 f.) stammt auch dieser Begriff aus der psychoanalytischen Vorstellungswelt.

[12] Vgl. dazu das Konzept der *Spiegelneuronen* als physiologischer Pendants für Phänomene der Empathie, Übertragung und Parallelprozesse (z. B. Zaboura 2009). Die Behauptung von Spiegelphänomenen in der menschlichen Kommunikation bekommt dadurch zusätzliche empirische Evidenz.

stimmter Weise reinszeniert. Den Ärger über die Chefin, den Teamkonflikt, die Krankheitssymptome finden helfende Personen (plötzlich) in ihrer eigenen Wahrnehmung, mit ihren Kollegen wieder.

Es geht noch ein wenig komplizierter: Aus organisationspsychologischer Sicht sind die Anstrengungen der beteiligten Personen, im Kontext organisationaler Spiegelungen und Parallelprozesse ihre Arbeitsfähigkeit, Souveränität und Steuerung aufrechtzuerhalten, miteinander verbunden (Organisationsdynamik). Die Leistung und Herausforderung der Personen, die in Organisationen miteinander verbunden sind und miteinander kooperieren, besteht aus systemtheoretischer Sicht darin, die Wahrnehmung ihrer Gefühle und Gedanken für eine erfolgreiche Handlungssteuerung zu nutzen. Das ist selbstverständlich nicht nur die Herausforderung in helfenden Organisationen, deren Organisationsdynamik stark von Übertragungsphänomenen geprägt sein kann. Machtkampf, Eitelkeit, Unterwerfung sind typische Phänomene hierarchisch geprägter Organisationen, die immer ein Teil der Energie für die Aufrechterhaltung der Hierarchie aufwenden. Ja sie tun es oft sogar dann noch, wenn Bestehendes längst dysfunktional geworden ist, die Leistungsfähigkeit der Organisation mehr hindert als voranbringt.

Das Risiko, eigene Gefühle, Gedanken und Handlungen der helfenden Personen mit solchen zu verwechseln, die von Klientinnen aufgenommen werden, liegt auf der Hand. Supervision unterstützt dabei, Fremdes und Eigenes zu sortieren und wiederum die Selbstwahrnehmung für Klientinnen nützlich zu machen. Mehr noch (vgl. unten, Abb. 3.3): Aus der Erfahrung von Supervisorinnen gibt es gute Evidenz für die Verdopplung der Parallelprozesse im Supervisionssystem selbst. Die Wahrnehmung der supervidierenden Person kann belastbare Hypothesen über Parallelprozesse im helfenden System zur Verfügung stellen und klären. Zum Beispiel kann mein Ärger über den Supervisanden dessen Gefühle für seine Klienten

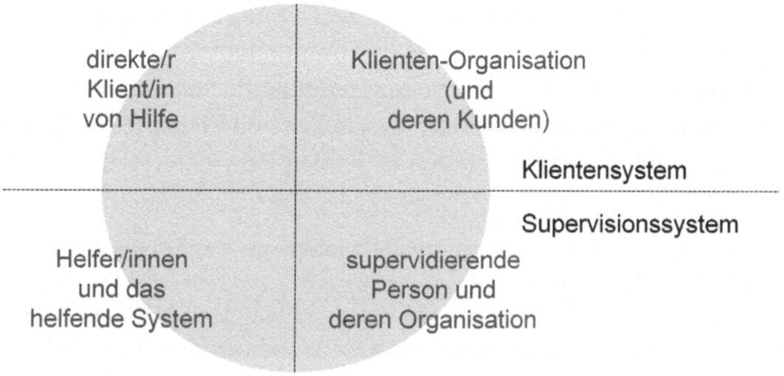

Abb. 3.3 Spiegelungen und Parallelprozesse in der Supervision

spiegeln, meine Müdigkeit seine Erschöpfung – immer im Sinne einer Hypothese, wie gesagt.

Das Konzept der *Parallelprozesse* erweitert und verallgemeinert die Annahmen von Übertragung und Containment: An den Grenzen seelischer und sozialer Systeme kommt es zu solchen Spiegelphänomenen. Insbesondere helfende Personen und Systeme sind wegen ihrer empathischen Kompetenz dafür besonders aufnahmefähig und aufnahmebereit.

3.6 Schattendynamik in helfenden Organisationen

Schatten wird hier als organisationspsychologisches Konzept[13] verstanden. Für die Beschreibung von helfenden Organisationen bzw. helfenden Systemen erweist es sich als reichhaltig und für die Interventionsgestaltung in der Supervisionspraxis als nützlich.

Wer Hilfe braucht und in Anspruch nimmt, hat in bestimmter Weise einen Makel Er kann es nicht selbst und alleine. Jedenfalls wird das so wahrgenommen. Hilfeleistungen verbrauchen Ressourcen, die doch eigentlich dem primären Leistungsprozess zur Verfügung stehen sollten soziale Hilfe, wo es doch um einen volkswirtschaftlichen Beitrag geht, Personalentwicklung, wo es doch um Gewinnerzielung geht, Altenbetreuung, wo es doch um den Konsum wirtschaftlicher Güter geht. – Die Beschreibung ist so holzschnittartig wie das Konzept. Hilfeleistung steht im *Schatten* von Erfolg – wirtschaftlichem und sozialem Erfolg, primärem Wertbeitrag. Der Klient von Hilfe genauso wie die Helfenden selbst stören die primäre Wertschöpfung. Verbunden sind Wahrnehmungen und Gefühle der Unzulänglichkeit und des Nichtgenügens sowohl bei den helfenden Personen und ihren Klientinnen als auch in der Etikettierung durch die Geldgeber. Und das wird zurückgegeben: Die Erfolgreichen werden als arrogant, unsolidarisch usw. etikettiert (vgl. Abb. 3.4).

Für die Führung von helfenden Organisationen stellt sich damit die Herausforderung der „Schattenintegration": helfende Systeme in ihrem Leistungsbeitrag wahrnehmbar zu machen und auch politisch zu positionieren. Helfende Personen bleiben darin in Bezug auf ihre Klientinnen immer in gewisser Weise randständig: Hilfe zur Selbsthilfe, Hilfe, um Hilfe möglichst schnell überflüssig zu machen, Subsidiarität, Klientin als Subjekt der Hilfe. Edwin Newis (1988, S. 211 ff.) hat diese Herausforderung für Helfende mit dem Konzept der *Marginalität* gefasst.

---

[13] Vgl. insgesamt und zum individualpsychologischen Aspekt auch Loebbert (2001).

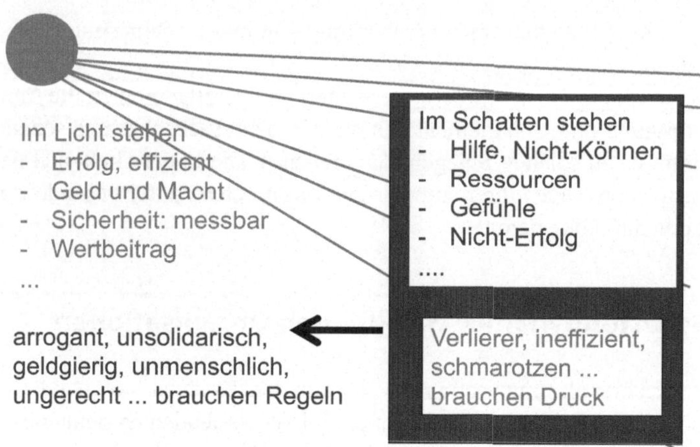

Abb. 3.4 Schatten in helfenden Organisationen

Helfen bedeutet „Arbeit an der Grenze" (ebd.). Die Grenze darf weder überschritten werden, noch dürfen Helfende sich in ihr eigenes Gebiet zurückziehen, wenn Hilfe gelingen soll. Der Wunsch zu helfen (vgl. oben, Abschn. 2.1) ist eng verbunden mit dem Bedauern über die eigene Hilflosigkeit: anderen Personen nicht wirklich helfen zu können, sondern (nur) Unterstützung bereitzustellen, damit sie sich selbst helfen.

Spezifische Methoden in der Supervision

4

Bezugspunkt von Supervision als Coaching helfender Berufe[1] ist also der Leistungsprozess der Hilfe – wie Hilfe in der konkreten Situation von Personen in organisationalen Kontexten geleistet wird. Dabei kann es um mehr formale Veränderung und Verbesserung des Leistungsprozesses gehen, was Vorgehensweisen und Methoden im Coaching erfordert, die an Fachberatung und Organisationsberatung anknüpfen.

Spezifische Methoden der Supervision richten sich immer auf die Gestaltung von helfenden Beziehungen und ihre Besonderheiten.[2] Erfahrene Helfer spielen virtuos auf der Klaviatur ihrer Gedanken, Gefühle und Beziehungen. Sie versuchen, das Subjekt der Hilfe immer in der fremden Person, in der Klientin der Hilfe zu bestimmen. Ihr Wissen um die eigene Randständigkeit *(Marginalität,* vgl. oben S. 26) für den Erfolg von Hilfeleistung rückt sie bescheiden in den Hintergrund. Gefühle wie Wut, Liebe und Verwirrung betrachten sie ruhig im Spiegel ihrer Professionalität. – Doch das glückt auch erfahrenen professionellen Helfenden nicht immer.

Systematisch kann es nicht gelingen, ständig in der Aufmerksamkeit der eigenen Beobachtung zu leben und zu handeln, da ja die Aufmerksamkeit der Helfenden den Anliegen und Herausforderungen ihrer Klientinnen gehört. Auf die Beobachterebene zu wechseln, unterbricht die Zuwendung (vgl. unten, Abb. 4.1), den Kontakt mit dem Klienten der Hilfeleistung. Der Hilfeprozess muss für die Entwicklung und Verbesserung seiner Steuerung unterbrochen werden. Darum

---

[1] Es sei daran erinnert, dass Methoden und Vorgehensweisen für Coaching generell (Loebbert 2013b; Loebbert 2015b) selbstverständlich auch in der Supervision Anwendung finden.

[2] Alle anderen Methoden und Interventionsmöglichkeiten aus Coaching und Prozessberatung haben auch in der Supervision ihren Platz, um die Herausforderungen der Steuerung von Hilfeprozessen als Leistungsprozess überhaupt zu meistern.

© Springer Fachmedien Wiesbaden 2016
M. Loebbert, *Wie Supervision gelingt,* essentials,
DOI 10.1007/978-3-658-13106-7_4

Abb. 4.1 SCORE – Aufstellung mit Bodenankern

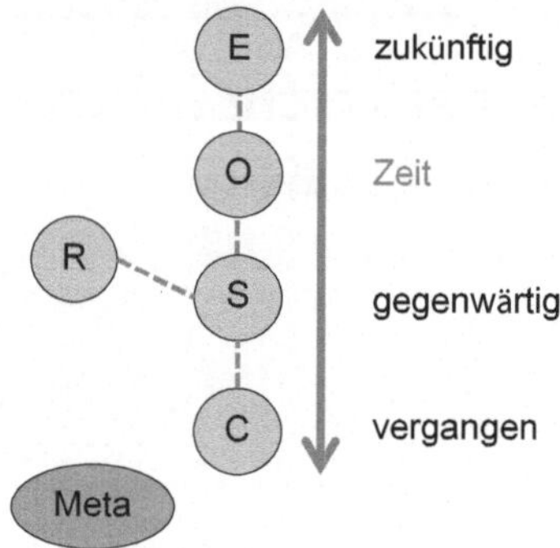

brauchen Helferinnen und helfende Systeme, um handlungsfähig zu bleiben, einen zweiten Beobachter, eine äußere Instanz,[3] welche die Helfenden dabei unterstützt ihre Hilfeleistung zum Nutzen ihrer Klientinnen zu steuern.

Supervision stellt dafür Methoden und Vorgehensweisen zur Verfügung. Im Folgenden werden exemplarisch für Beziehungsanalyse einige spezifische und zugleich bewährte Methoden dargestellt, die im deutschsprachigen Raum teilweise noch wenig diskutiert sind. Sie sind für Einzel-, Team-, Peer- und Gruppensupervision geeignet. Und sie setzen die Einbindung in die Prozesssteuerung von Supervision als Coaching voraus.[4] – Erfolgreiche Supervision ist, wenn die Klientinnen der Supervisanden daraus einen Nutzen ziehen.

4.1   Übertragungsanalyse mit Double SCORE

Handlungssteuerung analysieren und verändern

SCORE bezeichnet ein Vorgehensmodell („Tool") von Robert Dilts u. a.[5] Wie viele NLP-Tools modelliert es beispielhafte Vorgehensweisen von erfolgreichen Beratungs- und Therapieprozessen. Im Unterschied zu bestimmten NLP-Darstellungen wird hier SCORE durchaus nicht metaphorisch als *Programmierung* (NLP bedeutet ja neurolinguistisches Programmieren) verstanden, sondern als Modellierung

---

[3] Vgl. Loebbert (2015a).

[4] Vgl. Loebbert (2015b, S. 28 ff.). Der Übergang zur Fachberatung ist fließend gedacht. Unterschiedliche Supervisionsprofile stehen für unterschiedliche Aufgaben. Vgl. unten, Abschn. 5.2, Lehrsupervision.

[5] Vgl. z. B. Dilts und Bonissone (1999, S. 196 ff.).

situativ veränderlicher subjektiver Handlungsvorstellungen. Das SCORE-Modell systematisiert und konstruiert Elemente für Zielfindung und Veränderung. Aus der vom Autor eingenommenen systemischen Perspektive wird damit ein Angebot für Supervisanden formuliert, ihre Handlungssteuerung zu überprüfen und gegebenenfalls auch zu verändern.

SCORE (engl.: Punktgewinn im Wettkampf) steht für:

Symptoms – Symptome, Situation. Was sind Symptome Ihrer Problemstellung? Mit welchen Merkmalen beschreiben Sie Ihre Situation?

Causes – Ursachen, Erklärungen. Welche Erklärung haben Sie für diese Symptome? Wie ist es dazu gekommen?

Outcomes – Ziele, das sind erwünschte Resultate und Ergebnisse. Welche Ziele streben Sie an? Wie wollen Sie diese näher beschreiben?

Resources – Ressourcen und Mittel, die für die Zielerreichung genutzt werden können. Was können Sie dafür einsetzen? Was brauchen Sie vielleicht noch, um Ihr Ziel zu erreichen?

Effects – längerfristige Wirkungen, wenn die Ziele (Outcomes) erreicht sind. Welche Wirkungen hätte es für Sie und für andere Menschen, wenn Sie Ihr Ziel erreicht hätten? Was sind vielleicht noch Wirkungen der Wirkungen?

Das Handlungsmodell
Symptome sind die am deutlichsten sichtbaren und bewusstesten Aspekte einer problematisch erlebten Situation, zum Beispiel Unklarheiten, Konflikte, Unzufriedenheit, Erschöpfung.

Ursachen (Causes) sind die subjektiven Vorstellungen, Erklärungen von Ursachen, die zur Entstehung der Symptome geführt haben und diese weiterhin hervorrufen: Fehleinschätzungen, einengende Überzeugungen.

Ziele (Outcomes) sind die speziellen Zielsetzungen oder speziell erwünschte Zustände, die an die Stelle der Symptome treten sollen …

Ressourcen sind Mittel, mit deren Hilfe man die erwünschten Ziele erreichen kann. Das sind entweder vorhandene Ressourcen oder auch solche, die erst erworben werden müssen: neue Fähigkeiten und Sichtweisen, unterstützende Personen, materielle Mittel …

Wirkungen (Effects) sind die Konsequenzen, die aus dem Erreichen eines Zieles resultieren. Bestimmte Ergebnisse als erreichte Ziele (Outcomes) sind gewöhnlich Markierungen auf dem Weg zu längerfristigen Auswirkungen (Effects). Das sind subjektiv positiv oder auch negativ bewertete Wirkungen.

Aufstellung mit SCORE

Wie viele Handlungsmodelle eignet sich das SCORE-Modell gut für die Aufstellungsarbeit (abstrakte oder symbolische Aufstellung) im Raum mit Bodenankern.[6] Das Ausagieren im Raum intensiviert und vertieft das Erleben des Klienten. Gut eignet sich das SCORE-Modell auch für eine Kombination mit dem Werkzeug der *logischen Ebenen,*[7] wenn es darum geht, die Handlungsperspektiven zu differenzieren.

Das Modell unterstützt die Klärung von problematisch erlebten Situationen, ausgehend von den wahrgenommenen Symptomen. Eine wirksame Anwendung ist die Fallanalyse in der Supervision und Intervision. Nützlich ist das Modell auch bei der Planung von Vorhaben, ausgehend von der Outcome-Position alle anderen Positionen dazu in Beziehung zu setzen und die *handlungslogische Passung* (Kohärenz) zu untersuchen.

Die Arbeit mit SCORE reflektiert zugleich die subjektive Handlungsvorstellung *als eine zeitliche Ordnung von C = Vergangenheit, S = Gegenwart, O + E = Zukunft*. Die Perspektive der Ressourcen steht quer dazu.

Vorgehen

Legen Sie SCORE auf Moderationskarten (Kreise) wie in Abb. 4.1 etwa im Abstand eines kleinen, bequemen Schrittes auf dem Boden aus. Führen Sie das Handlungsmodell kurz ein, indem Sie die Bedeutung der Buchstaben erklären. Die Verwendung der englischen Begriffe bewährt sich, um eine gewisse Künstlichkeit des Werkzeugs zu betonen. Für andere Supervisanden kann man zusätzlich das deutsche Wort auf die Karten schreiben, um das mögliche Irritationsniveau etwas zu senken. Der Bezug auf die englische Bedeutung eines *Punktgewinns* ist gewollt und kann nützlich sein: Es geht darum, durch die Klärung des Anliegens *im wirklichen Handeln einen Punkt zu machen.*

Laden Sie die Supervisandin ein, sich auf den *Gegenwartspunkt S* (Symptom) zu stellen. Fragen Sie nach Wahrnehmungen, Gefühlen und Gedanken an diesem Punkt.

---

[6] Vgl. zur Arbeit mit Bodenankern Dilts und DeLozier (2000, S. 29–37) oder auch Varga von Kibéd und Sparrer (2002, S. 39 ff.), insbesondere zur Problemaufstellung.

[7] Ein NLP-Modell, mit dem die Konsistenz und Kohärenz von Handlungsvorhaben besonders gut geprüft und entwickelt werden kann. Vgl. insgesamt Dilts (2005).

Gehen Sie weiter zum Ziel O (Outcome). Was ist der *erstrebte Zielzustand*, vor dessen Hintergrund die Situation in der Gegenwart als problematisch erlebt wird? Was – welches Resultat – soll anstelle der problematisch erlebten Symptome stehen?

Was soll mit der Erreichung des Ziels als E (Effect) möglich werden? Welche längerfristigen *Wirkungen* will der Klient erreichen?

Gehe Sie dann auf *die Position der Ursachen (Causes):* Welche Erklärungen hat die Klientin dafür, dass das Ziel nicht erreicht werden konnte? Welche Umstände können dafür ursächlich sein?

Welche *Ressourcen* R können helfen, das angestrebte Ziel zu erreichen? Welche Ressourcen sollten dafür noch entwickelt werden?

Für eine nützliche Anwendung des SCORE-Modells muss seine Handlungslogik beachtet und vom Klienten nachvollzogen werden. Es gilt also, gut zu erklären! Bei mehrmaligem Durchlauf dürfen sich die ersten Wahrnehmungen durchaus ändern.

Üblicherweise wird mit der Position *Symptoms* bzw. *Situation* begonnen, die Ressourcen werden gegen Ende erfragt, die übrigen Positionen können je nach Anliegen der Klientin mehr in der Zukunft oder mehr in der Vergangenheit durchlaufen werden. Nützlich kann auch die explizite Einführung einer Metaposition sein, von der aus der Klient allfällige neue Handlungspläne und Verbesserungsideen formulieren kann: Fassen Sie zusammen, welche neuen Ideen und Handlungsansätze Sie gewonnen haben. Formulieren Sie konkrete Umsetzungsschritte.

Für die Steuerung Ihrer Intervention mit SCORE können ferner folgende Fragen nützlich sein:

Wofür braucht der Supervisand am meisten Zeit und Aufmerksamkeit? Aus welcher Position schöpft er am meisten Energie und Ideen für nächste Umsetzungsschritte? – Bleiben Sie also beharrlich.

Von welchen Ihrer Fragen profitiert die Supervisandin am meisten für die Klärung der jeweiligen Position? – Nutzen Sie zirkuläre Fragen, hypothetische Fragen, Fragen zum Handlungskonzept des Supervisanden.

Welche *logischen Ebenen*[8] sind in den von der Klientin formulierten Umsetzungsschritten adressiert? – Veränderung von Umwelt, Verhalten, Fähigkeiten, Werten und Einstellungen, Selbstkonzept und Identität, Vision und Lebenssinn.

Was kann die Umsetzung der Klientin im wirklichen Leben noch fördern?

Das SCORE-Modell dient nicht in erster Linie der Analyse, sondern der Erfindung von neuen Handlungsmöglichkeiten. Sie können für Ihre Supervisanden de-

---

[8] Dieses Modell von Robert Dilts kann die supervidierende Person als systematische Auslegeordnung für ihre Fragen nutzen. Vgl. Fußnote oben.

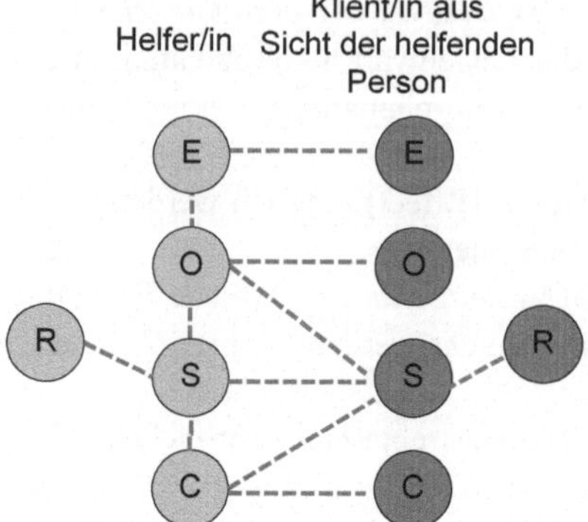

Abb. 4.2 Analyse der Gegenübertragung mit Double SCORE

ren Erklärungen und Ideen auf Moderationskarten (Rechteckkarten) in Stichworten mitschreiben und neben dem zugehörigen Bodenanker auslegen. Die Durchführung endet auf der Metaposition, wo die Supervisandin Gelegenheit bekommt, konkrete Schlussfolgerungen für ihre nächsten Handlungsschritte zu formulieren. Übrigens ist das auch ein möglicher Einstieg für die Formulierung des Anliegens.

Analyse der Gegenübertragung mit Double SCORE[9]

Bin ich als helfende Person wirklich beim Vorhaben und Handeln meiner Klientin oder meines Klienten? Oder versuche ich, ihr oder ihm meine eigenen Vorstellungen „nahezubringen"? – Inwiefern sind meine helfenden Interventionen wirklich geeignet, Klienten bei der Klärung ihrer spezifischen Anliegen zu unterstützen und voranzubringen? (Abb. 4.2)

Wenn meine (meist unbewusste) Gegenübertragung das Steuer eines Hilfeprozesses übernimmt, habe ich Wahrnehmungen wie: Ich komme nicht an meinen Klienten ran. Meine Interventionen sind nicht wirksam. Vielleicht habe ich sogar Gedanken wie: Ich habe recht, ich muss meinen Klienten überzeugen oder gar zwingen, auf einen anderen Weg bringen, davon abhalten, auf diesem Wege weiterzugehen …

Darin unterstützt die Arbeit mit zwei Reihen SCORE den Supervisanden als Helfer in der Analyse und bei der Interventionsgestaltung möglicher Verstrickungen mit seinen Klienten.

---

[9] Die Arbeit mit Double SCORE für die systematische Übertragungsanalyse haben wir in Supervisionssequenzen im Rahmen der *Coaching Studies* an der Fachhochschule Nordwestschweiz entwickelt. Maßgeblich beteiligt waren Wolfgang Eberling und Marianne Hänseler.

Legen Sie zwei Reihen SCORE als Bodenanker aus, einmal für die Supervisandin und parallel daneben für deren Klientin einer Hilfeleistung.

Oft ist es hilfreich, von der Sicht S des Supervisanden auszugehen und von dort auf die parallele Linie zu wechseln: Welche Unterschiede gibt es in der Wahrnehmung? Wie würde die Klientin selbst ihre Situation beschreiben? Wie auf einer Leiter kann die Supervisandin über die zwei Linien geführt werden. Ziel ist es, das *wirkliche Anliegen* seiner Klientin herauszuschälen, bzw. *Hypothesen* darüber zu bilden, welche nützlichen Interventionen der Helfer anbieten könnte, um seine Klientin in der Wahrnehmung und Aktivierung ihrer Ressourcen noch besser zu unterstützen. Damit werden die blinden Flecken der helfenden Person beleuchtet, und es wird ihr Gelegenheit gegeben, ihre *Übertragung auf ihre Klienten (Gegenübertragung) zurückzunehmen,* das ist: als helfende Übertragung wertzuschätzen und zugleich den Klienten von Hilfe als Handlungssubjekt mit seiner eigenen Logik in den Blick zu nehmen.

4.2 Das Sieben-Augen-Modell für Supervision

Die Systemperspektive
Dieses Modell wurde seit 1985[10] von Peter Hawkins und Robin Shohet zusammengestellt und insbesondere für die Supervision von Beratung weiterentwickelt. Es umfasst eine vollständige (systemische) Analyse der Parallelprozesse (vgl. oben, Abschn. 3.5) in der Gestaltung und Führung helfender Beziehungen. Insbesondere können damit die Systemkontexte im helfenden System und im Supervisionssystem mit in den Blick genommen werden. Supervisanden erhalten mit dieser Arbeit reichhaltige Daten für ihre Hypothesenbildung und Interventionsplanung. Besonders gut eignet sich die Supervision mit dem Sieben-Augen-Modell für Supervisanden mit eher allgemeineren Anliegen der Qualitätsverbesserung und Weiterentwicklung ihrer Hilfeleistungen. Und auch die Erweiterung der auf Personen ausgerichteten Übertragungsanalyse – im Sieben-Augen-Modell Nummer 3 und 4 (Abb. 4.3) – in Bezug auf den Systemkontext ist ein fruchtbarer Einstieg.

Die supervidierende Person ist Teil des Gesamtsystems und wird methodisch als Perspektive und Informationsquelle in die Supervisionsarbeit integriert.

Aus systemtheoretischer Sicht können unterschiedliche Interaktionen beschrieben werden.

---

[10] Hawkins und Shohet (2006, S. 102).

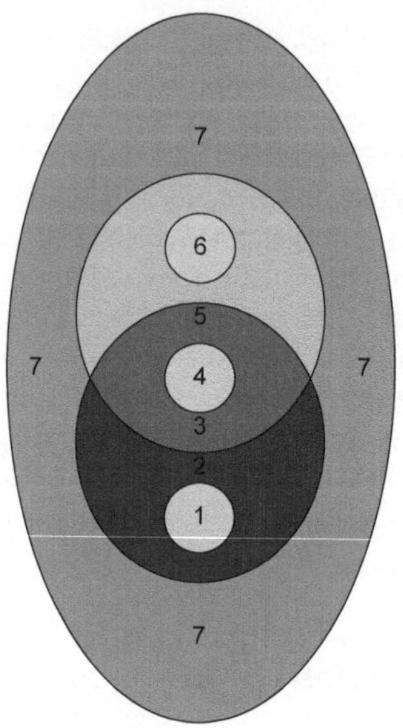

1. Der Klient der Hilfeleistung in seinem Systemkontext

2. System, Interventionen und Strategie der Helfenden, das helfende System

3. Beziehung Helfende und Geholfene – das Hilfe-System

4. Der Helfende als Person

5. Parallelprozesse Klientensystem – helfendes System - Hilfesystem – Supervisionssystem

6. Selbstreflexion der supervidierenden Person

7. Gesamtkontext

Abb. 4.3 Das Sieben-Augen-Modell für Supervision (Peter Hawkins hat sein Sieben-Augen-Modell *(Seven-eyed Model)* an vielen Stellen und Anlässen dargestellt. Abbildung 4.3 folgt seiner Darstellung auf careerconnectionsltd.compractitioner-diploma-in-executive-coaching−2the-seven-eyed-model-of-supervision [24.7.2015], die Beschreibung hält sich an das Buch von Hawkins und Shohet (2006, S. 79–103).)

1. Die Klientin der Hilfe in ihrem Systemkontext ist Ausgangspunkt und Ziel der Supervisionsarbeit. Es geht um konkrete Hilfeleistung für die Klienten. Das ist das *erste Auge*.

2. Das helfende System, die Helferin in ihrem System, z. B. ihrer Organisation, ihren (politischen) Rahmenbedingungen, ihren zeitlichen und finanziellen Einschränkungen, ist das *zweite Auge*.

3. Die Gestaltung und Führung des helfenden Systems ist, wie schon mehrfach ausgeführt, der Kern der Herausforderung für helfende Personen, das ist *das dritte Auge*.

4. Die Interaktion der helfenden Person mit sich selbst, ihre Eigenheiten, Begabungen und Ressourcen, welche sie überhaupt in die Lage versetzt, wirksame Hilfe zu leisten, ist das *vierte Auge*.

5. Das *fünfte Auge* der Supervision sind die Parallelprozesse von Klientensystem, helfendem System und Supervisionssystem.

6. Die supervidierende Person beschreibt ihre eigenen Wahrnehmungen und Übertragungen und kann diese auch ihrem Supervisanden als Informationen anbieten. Das ist das *sechste Auge*.
7. Das *siebte Auge* schließlich nimmt den Gesamtkontext von Supervision und Hilfeleistung in den Blick, zum Beispiel gesellschaftliche Entwicklungen, Politik usw.

Die Metapher des *Auges* steht dabei für ein spezifisches In-den-Blick-Nehmen von Interaktionen. Wir sehen aber in und mit jedem Auge eine unterschiedliche Facette des Gesamtgeschehens der Hilfeleistung und ihrer Steuerungsunterstützung mit Supervision. Die Supervision wird im Modell selbst als Teil des Hilfeprozesses verstanden.

Vorgehen
Die Arbeit mit dem Sieben-Augen-Modell in der Supervision kann als ein gemeinsamer Erforschungsprozess mit dem Ziel einer Verbesserung und Entwicklung der Funktionalität und Wirksamkeit von Hilfeleistung verstanden werden. Dieser Kontraktrahmen wird vorausgesetzt.

1. Welche Wahrnehmung hat der Supervisand von seinen Klienten? Welche Merkmale schreibt er ihnen zu? Welche Hypothesen fasst er für deren Fragestellungen und Ziele?
2. Was hat die Supervisandin bisher getan, welche Interventionen hat sie zur Verfügung gestellt? Was hat wie funktioniert? Welche Hypothesen musste sie verwerfen? Welche Schlussfolgerungen hat sie bisher daraus gezogen? Wie hat sie bisher den Hilfeprozess gesteuert?
3. Welche Merkmale bestimmen die Beziehung der Supervisandin zu ihren Klienten? Wie sind sie sich begegnet und in Kontakt gekommen? Welche Motive leiteten die Klienten, gerade diese Unterstützung in Anspruch zu nehmen? Welche Störungen und Friktionen können in der helfenden Beziehung wahrgenommen werden? Mit welcher Metapher könnte die Supervisandin diese Beziehung beschreiben?
4. Welche Übertragungen leiten den Supervisanden im Verhältnis zu seinen Klienten? Welche sind spezifisch für ihn? Welche sind spezifisch für diese Klienten? Welche Ressourcen kann der Supervisand für diese Beziehungsgestaltung nutzen?
5. Welche Hypothesen kann die supervidierende Person über Parallelprozesse zur Verfügung stellen? Gibt es Parallelen im Kontext der Supervision, zum Beispiel

als Institution, in der Beziehungsgestaltung mit dem Supervisanden? Warum wurde gerade diese Person vom Supervisanden ausgewählt?
6. Welche Übertragungen leiten die supervidierende Person? Welche Gefühle entwickelt sie, wenn die Supervisandin ihre Klienten beschreibt? Welche Wünsche und Motive leiten sie, gerade mit dieser Supervisandin zusammenzuarbeiten?
7. Welche gesellschaftlichen, politischen und kulturellen Themen sind mit den Klienten, den Helfenden und der Supervision verbunden? Welcher Wert, welche Anerkennung wird der Hilfeleistung und der Supervision der Hilfeleistung gegeben? Von wem? Welche Erfahrungen und Überzeugungen leiten das helfende System und das Supervisionssystem in der Verbesserung und Entwicklung ihrer Leistungen?

In der Praxis entwickelt sich der Gesprächsprozess organisch. Die supervidierende Person erklärt (zum Beispiel anhand der Grafik) die unterschiedlichen Positionen und steigt dann mit Fragen zu den Klienten *(erstes Auge)* ein. Alternativ kann auch die Übertragungsanalyse (*drittes* und *viertes Auge*) um weitere Perspektiven ergänzt werden. Mindestens für Team-, Peer- und Gruppensupervision hilft die Unterstützung mit Bodenankern, damit für alle deutlich wird, aus welcher Perspektive gesprochen oder auch gefragt wird. Die supervidierende Person spricht vom *sechsten Auge* und auch zusammen mit der Supervisandin vom *fünften Auge*. – Damit der Kontrakt zur Verbesserung und Entwicklung der Hilfeleistung für die Klienten im Gesichtskreis des systematischen Verfahrens bleibt, kann das Ziel auf ein Flipchart aufgeschrieben werden. Konkrete Verbesserungsansätze und -ideen werden möglichst auch schriftlich festgehalten.

5.1 Supervision als operative Schließung von helfenden Systemen

Helfen ist eine spezifische Art der Interaktion zwischen Menschen, die auf eine Verbesserung für den Klienten des Helfenden zielt. Helfen ist dabei systematisch mit einem *blinden Fleck* verbunden. Um als helfende Person schnell und unmittelbar handlungsfähig zu sein, wird die Steuerung der helfenden Beziehung mindestens teilweise ausgeblendet. Nur so hat die helfende Person ihre volle Aufmerksamkeit bei ihren Klienten.

Die helfende Person wiederholt also zunächst reaktiv das Prozessmuster der Klientin: wie es besser geht, Tipps, was sich schon anderswo bewährt hat. So kann Hilfe auch scheitern: Was für die Klientin kurzfristig im Sinne schneller und praxisnaher Hilfe nützlich ist, wird zum Risiko. Die Dilemmata der Hilfe, die Entstehung und Verlängerung von Abhängigkeit etwa, Entmündigung, Verantwortungslosigkeit bis hin zum Missbrauch, sind bekannt. Die helfende Beziehung wird darin beschädigt, Hilfeleistung kann von Klienten nicht für ihr eigenes Handeln umgesetzt werden. Hilfe erleidet mittel- und längerfristig Schiffbruch.

Erfahrene und gut ausgebildete Helferinnen (Supervision als Professionalisierung vgl. oben Abschn. 2.4) kalkulieren ihren blinden Fleck als Ressource mit ein. Supervision fokussiert und erweitert die beschränkte Wahrnehmung des Handlungssubjekts. Im Mittelpunkt steht die *Selbststeuerung der helfenden Person(en)*, um Klienten eine optimale Leistung anbieten zu können. Supervision für den nachhaltigen Erfolg unserer Klienten ist ein notwendiger Bestandteil davon.

Die Leistung der Systemtheorie bzw. der *Kybernetik* als Theorie der Steuerung von sozialen Systemen war es, darauf aufmerksam zu machen, dass Hilfe nur reproduziert, was in der Hilfebeziehung schon an Informationen vorhanden ist. Das ist natürlich nützlich, wenn ein Rezept, eine *best practice* ausreicht, um dem Klien-

© Springer Fachmedien Wiesbaden 2016

M. Loebbert, *Wie Supervision gelingt,* essentials,

DOI 10.1007/978-3-658-13106-7_5

ten eine erfolgreiche Handlungssteuerung zu ermöglichen. Sobald ich allerdings meine Handlungssteuerung an veränderliche Situationen anpassen muss, wie in den helfenden Praktiken – Krankenpflege, Psychotherapie, Beratung, Unterricht oder etwa pädagogische Aufgaben –, braucht es den Blick von außen, *den zweiten Beobachter*. Aus dieser Position wird der Prozess des Helfens, die Steuerung der helfenden Person(en) insgesamt in den Blick genommen. Erst jetzt ist der Hilfeprozess *operativ geschlossen*, es entsteht ein (soziales) System, das auf sich selbst Bezug nehmen und sich damit selbst verändern kann (Abb. 5.1).

Was systemtheoretisch formal beschrieben werden kann, geht in der Praxis über das Ausleuchten blinder Flecken in der Reflexion des eigenen helfenden Handelns hinaus. Supervision setzt die Möglichkeit und Notwendigkeit von *Veränderung und Verbesserung* voraus (vgl. oben zu den Funktionen von Supervision, Abschn. 2.4). Helfende Systeme brauchen keine Supervision, wenn sie sich nicht verändern wollen bzw. wenn sie ihre Veränderung selbst in die Hand nehmen wollen. – Die Position des zweiten Beobachters kann in den Grenzen der Reflexion und eigenen Scheuklappen von der helfenden Person in der Nachbearbeitung und Evaluation selbst eingenommen werden. Das gilt auch für die Begrenzung intervisorischen Arbeitens innerhalb eines helfenden Systems: Es gibt keine wirkliche Außensicht. Allerdings wird nur die *zweite* Person, die Supervisorin, eine *neue* Perspektive ermöglichen, die vorher noch nicht eingenommen werden konnte. Erfahrene Helferinnen und Helfer brauchen deshalb der Quantität nach eher weniger Supervision und supervisierende Personen, die in der Praxis noch Innovationen ermöglichen können. – Mit diesem Maßstab, eine wirklich neue Perspektive zu ermöglichen, kann die Häufigkeit und Art von Supervision für die Zielerreichung und Funktion für Klientinnen helfender Berufe geschätzt werden: Welche Zahl von Treffen und welche Settings braucht es, um das Ziel zu erreichen und die möglichen Funktionen der Supervision zu erfüllen?

Abb. 5.1 Supervision als operative Schließung des helfenden Systems

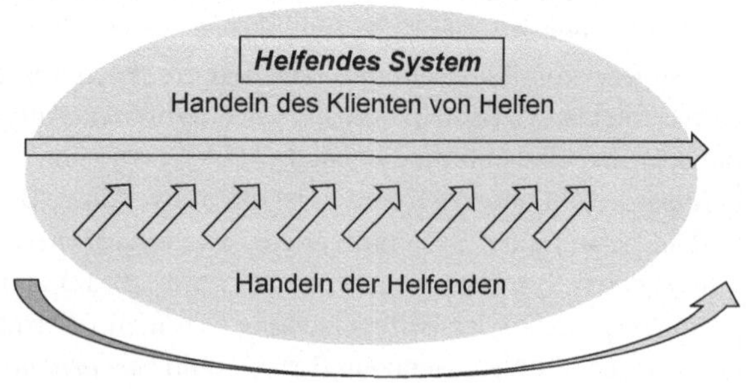

5.2 Supervision von Supervision und Lehrsupervision

Supervidierende Personen sind selbst Vorbild und Rollenmodell als Helfende für ihre Klienten. Sich selbst supervidieren zu lassen, ist ein wichtiger Schritt in ihrem eigenen Leistungsprozess. Supervision von Supervision – die Bearbeitung von Fragen wie: wo ich meine eigenen blinden Flecken habe, mit Klientinnen und ihren Organisationen verstrickt bin, wenn ich irgendwie nicht weiterkomme, wenn ich mein Handeln als Supervisor hinterfragen will, wenn ich mich als supervidierende Person weiterentwickeln will. Gute Supervisorinnen lassen sich supervidieren. Sie steuern ihre Risiken und die ihrer Klienten, sie entwickeln und verbessern ihre Hilfeleistung.

Der Begriff *Lehrsupervision* wird in zwei Bedeutungen verwendet: 1) Supervision als Teil der Ausbildung von helfenden Berufen überhaupt (Ausbildungssupervision) und 2) in der Besonderheit der Ausbildung von Coaches und Supervisoren. In beiden Fällen unterstützt die fachliche Expertise der Supervisorin ihre Supervisanden in der Ausbildung ihrer fachlichen Kompetenz (vgl. oben zur professionellen Entwicklung, Abschn. 2.4), in der Bereitstellung von allgemeinen und spezifischen Reflexionskonzepten bzw. im Nachvollzug beispielhafter Anwendungen von im Unterricht oder Training gelehrten Konzepten und Modellen mit ihren theoretischen Bezügen.[1] Supervision ist allerdings keine Verlängerung oder Ausweitung der Settings von Unterricht und Training. Nicht Lernen steht im Mittelpunkt, sondern die Verbesserung der Handlungssteuerung, das heißt die konkreten Anliegen der Supervisanden. Dafür darf natürlich auch gelernt werden – Supervision als Handlungslernen. Und das macht für die Lernsupervisanden auch den Unterschied zu didaktisch strukturierten Kontexten, in denen vor allem Lernen ermöglicht werden soll.

Auch Lehrsupervision ist (gute) Supervision der anfänglichen Praxis von Supervisandinnen in Ausbildung. Aus der hier entwickelten Sicht bezieht sich Supervision in beiden Fällen auf helfende Leistung im Allgemeinen und selbstverständlich auch auf die spezifischen Fragestellungen unterschiedlicher beruflicher Felder. *Lehrsupervision* wird in einer Art Besonderheit im Ausbildungskontext gebraucht, um die Herausforderungen von Auszubildenden zu charakterisieren, die – vielfach noch unerfahren, mit nur wenig entlastenden Routinen ausgestattet – mit den konkreten Anliegen ihrer Klientinnen konfrontiert sind.

Supervision von Supervision und Lehrsupervision für angehende Supervisoren gehören darin unverzichtbar zum Leistungsprozess von Supervision zur Verbesserung der Hilfeleistung für die Klientinnen ihrer Supervisanden.

---

[1] Vgl. die detaillierte Darstellung von Hassler (2011).

Was Sie aus diesem Essential mitnehmen können

- Nach modernem, handlungstheoretisch fundiertem Verständnis ist Supervision Coaching für helfende Berufe.
- Ziel und Rahmenkontrakt – Arbeitsbündnis – von Supervision ist die Verbesserung der Hilfeleistung der Supervisanden für ihre Klientinnen.
- Dafür müssen in der Supervision die Besonderheiten helfender Tätigkeiten beachtet werden: Hilfe als interaktiver Leistungsprozess, Psychologie der Hilfeleistung, Besonderheiten helfender Systeme.
- Double SCORE und das Sieben-Augen-Modell sind besonders geeignete Methoden für wirksame Supervision und dienen ihr als Leitfaden.
- Erst die Supervision von Supervision bzw. die Lehrsupervision ermöglicht die Selbststeuerung, Selbstverbesserung und Selbstentwicklung von Supervisionssystemen.

© Springer Fachmedien Wiesbaden 2016
M. Loebbert, *Wie Supervision gelingt,* essentials,
DOI 10.1007/978-3-658-13106-7

Literatur

Balint, M. (1984). *Der Arzt, sein Patient und die Krankheit* (6. Aufl.). Stuttgart: Klett-Cotta.

Bauriedl, T. (2004). *Auch ohne Couch. Psychoanalyse als Beziehungstheorie und ihre Anwendungen* (4. Aufl.). Stuttgart: Klett-Cotta.

Belardi, N. (2002). *Supervision. Grundlagen, Techniken, Perspektiven* (4. Aufl.). München: C.H. Beck.

Belardi, N. (2015). *Supervision für helfende Berufe* (3., völlig überarbeitete und aktualisierte Auflage). Freiburg: Lambertus.

Bion, W. R. (2001). *Erfahrungen in Gruppen und andere Schriften* (3. Aufl.). Stuttgart: Klett-Cotta.

Blankertz, S. (2012). *Gestalttherapie Essentials*. Köln: Peter Hammer.

Buchinger, K., & Klinkhammer, M. (2007). *Beratungskompetenz. Supervision, Coaching, Organisationsberatung*. Stuttgart: Kohlhammer.

Carkhuff, R. R. (2009). *The art of helping* (9. Aufl.). Amhurst: Possibilities Publishing.

Carroll, M. (2007). One more time: What is supervision? *Psychotherapy in Australia, 13*(3), 34–40.

Carroll, M. (2014). *Effective supervision for the helping professions* (2. Aufl.). London: Sage.

DGSv. (2011a). *Supervision und Coaching. Praktische Hinweise für den Einsatz* (3. Aufl.). Köln: Deutsche Gesellschaft für Supervision.

DGSv. (2011b). *Das Ende eines unerklärlichen Unterschiedes*. Köln: Deutsche Gesellschaft für Supervision. www.dgsv.de201110supervision-und-coaching-ganz-auf-einer-linie. Zugegriffen: 25. Dez. 2015.

Dilts, R. B. (2005). *Professionelles Coaching mit NLP*. Paderborn: Junfermann.

Dilts, R. B., & Bonissone, G. (1999). *Zukunftstechniken zur Leistungssteigerung und für das Management von Veränderungen*. Paderborn: Junfermann.

Dilts, R. B., & DeLozier, J. (2000). Encyclopedia of systemic NLP and NLP new coding. http://www.nlpuniversitypress.com. Zugegriffen: 27. Juli 2015.

Ebbecke-Nohlen, A. (2013). *Einführung in die systemische Supervision*. Heidelberg: Carl-Auer.

ECVision. (Hrsg.) (2015). *ECVision. A European competence framework of supervision and coaching*. www.anse.eu/tl_files/ecvision/dokuments/ECVision_Competence_Framework033015.pdf. Zugegriffen: 25. Dez. 2015.

© Springer Fachmedien Wiesbaden 2016
M. Loebbert, *Wie Supervision gelingt*, essentials,
DOI 10.1007/978-3-658-13106-7

Freud, S. (1912). Zur Dynamik der Übertragung. *Zentralblatt für Psychoanalyse, 2*(4), 167–173. http://www.textlog.defreud-psychoanalyse-dynamik-uebertragung.html. Zugegriffen: 25. Dez. 2015.

Grimm, J., & Grimm, W. (1852). Das Deutsche Wörterbuch. Stichwort „Hilfe". http://woerterbuchnetz.de/DWB/?sigle=DWB&mode=Vernetzung&lemid=GH08346#XGH08346. Zugegriffen: 7. Juli 2015.

de Haan, E. (2011). Back to basics: How the discovery of transference is relevant for coaches and consultants today. *International Coaching Psychology Review, 6*(2), 180–193.

de Haan, E. (2012). *Supervision in action. A relational approach to coaching and consulting supervision.* Maidenhead: Open University Press.

Hassler, A. (2011). *Ausbildungssupervision und Lehrsupervision – ein Leitfaden fürs Lehren und Lernen.* Bern: Haupt.

Hawkins, P., & Shohet, R. (2006). *Supervision in the helping professions.* Buckingham: Open University Press.

Inskipp, F., & Proctor, B. (1993). *The art, craft and tasks of counselling supervision. Part 1: Making the most of supervision.* Twickenham: Cascade.

Kühl, S. (2006). Supervision auf dem Weg zur Profession? *Zeitschrift für Organisationsberatung, Supervision, Coaching, 13*(1), 5–18.

Kühl, S. (2008). *Coaching und Supervision. Zur personenorientierten Beratung in Organisationen.* Wiesbaden: VS Verlag für Sozialwissenschaften.

Loebbert, M. (2001). Schatten in Organisationen und ihre Integration. *Zeitschrift für Gruppendynamik und Organisationsberatung, 32*(1), 84–93.

Loebbert, M. (2013a). Coaching von Teams. In Loebbert, M. (Hrsg.). *Professional Coaching. Konzepte, Instrumente, Anwendungsfelder* (S. 259–276). Stuttgart: Schäffer-Poeschel.

Loebbert, M. (Hrsg.). (2013b). *Professional Coaching. Konzepte, Instrumente, Anwendungsfelder.* Stuttgart: Schäffer-Poeschel.

Loebbert, M. (2014). Praxisfelder im Coaching. In R. Wegener, A. Fritze, & M. Loebbert (Hrsg.), *Coaching-Praxisfelder* (S. 199–216). Wiesbaden: Springer.

Loebbert, M. (2015a). *BeratenBeraten. Konzepte und Leistungen für Beraten zweiter Ordnung.* http://www.mloebbert.com/publications-Dateien/BesserBeraten_wp.pdf. Zugegriffen: 25. Dez. 2015.

Loebbert, M. (2015b). *Coaching Theorie. Eine Einführung.* Wiesbaden: Springer. (Die 2., verbesserte Auflage 2016 ist im Erscheinen).

Loebbert, M., & Wilmes, C. (2013). Coaching als Beratung. In: M. Loebbert (Hrsg.), *Professional Coaching. Konzepte, Instrumente, Anwendungsfelder* (S. 17–48). Stuttgart: Schäffer-Poeschel.

Lohmer, M., & Möller, H. (2014). *Psychoanalyse in Organisationen. Einführung in die psychodynamische Organisationsberatung.* Stuttgart: Kohlhammer.

Möller, H. (2014). Psychoanalytische Supervision. In M. Lohmer & H. Möller (Hrsg.), *Psychoanalyse in Organisationen. Einführung in die psychodynamische Organisationsberatung* (S. 119–152). Stuttgart: Kohlhammer.

Nevis, E. C. (1988). *Organisationsberatung. Ein gestalttherapeutischer Ansatz.* Köln: Edition Humanistische Psychologie. (– Amerikanisch 1987).

Oberhoff, B. (2009). *Übertragung und Gegenübertragung in der Supervision* (6. Aufl.). Magdeburg: Daedalus.

Petzold, H., et al. (2003). *Supervision auf dem Prüfstand. Wirksamkeit, Forschung, Anwendungsfelder, Innovation.* Opladen: Leske + Budrich.

Proctor, B. (2008). *Group supervision. A guide to creative practice* (2. Aufl.). London: Sage.

Pühl, H., & Schmidbauer, W. (Hrsg.) (1991). *Supervision und Psychoanalyse. Selbstreflexion der helfenden Berufe.* Frankfurt a. M.: Fischer.

Rappe-Giesecke, K. (1990). *Theorie und Praxis der Gruppen- und Teamsupervision.* Heidelberg: Springer.

Schein, E. H. (2003). *Prozessberatung für die Organisation der Zukunft. Der Aufbau einer helfenden Beziehung* (2. Aufl.). Köln: EHP.

Schein, E. H. (2009). *Helping. How to offer and receive help.* San Francisco: Barett-Koehler.

Schlippe, A. von, & Schweitzer, J. (1996). *Lehrbuch der systemischen Therapie und Beratung* (2. Aufl.). Göttingen: Vandenhoeck & Ruprecht.

Schlippe, A. von, & Schweitzer, J. (2010). *Systemische Interventionen* (2. Aufl.). Göttingen: Vandenhoeck & Ruprecht.

Schmidbauer, W. (1977). *Die hilflosen Helfer. Über die seelische Problematik helfender Berufe.* Reinbek: Rowohlt.

Schreyögg, A. (2015). Coaching und/oder Supervision. Zum Verhältnis der beiden Formate. In S. Astrid & S.-L. Christoph (Hrsg.), *Die Professionalisierung von Coaching* (S. 105–118). Wiesbaden: Springer. Fachmedien.

Urban-Stahl, U. (2013). Anwaltschaft. In: Handbuch Soziale Arbeit (5. Aufl.). München: Reinhardt.

Varga von Kibéd, M. V., & Sparrer, I. (2002). *Ganz im Gegenteil - eine Einführung in die systemische Strukturaufstellung.* Heidelberg: Carl Auer Verlag.

Whitmore, J. (1994). *Coaching für die Praxis.* Frankfurt a. M.: Campus.

Zaboura, N. (2009). *Das empathische Gehirn. Spiegelneuronen als Grundlage menschlicher Kommunikation.* Wiesbaden: VS Verlag für Sozialwissenschaften.